U0070688

圖解東方占星＋巧用紫微斗數

找到你的命定12宮

林汶諭／小師姐㊥著

目次

P93 第肆章 找找你的形象代表

P181 第伍章 認識自己最好的工具書

P187 附錄一

P205 附錄二

推薦序

林汶諭女士為本人親授之占驗紫微斗數專修班四十七期、師資班第十二期、研究班學生，培訓時間長達數年之久，且於培訓期間學習認真成績優秀，皆通過占驗門指定之所有測試並領有本人所頒予之資格證書。

占驗門於民國七十年代便開始帶動臺灣的紫微斗數學習風氣，系統化、專業化教育的成果下，一度成為風靡臺灣的學術研究，建立國學的根基。經過將近半世紀的弘揚，占驗門學生為數眾多，汶諭學有專精且已入本門嫡傳入室弟子之列，欣聞弟子欲出版專書，為弘揚傳統國學文化盡一份心力，為師甚感欣慰，本門願提供所需資源於以宣揚。

愛徒，加油！

臨濟系占驗門第五十四代掌門人

天乙上人

2021.6.18

自序

作者林汶諭，別名小師姐。鑽研易理國學有近 15 年的資歷，非常榮幸的，筆者在懵懂未知的時候，就有機會能夠跟多位名師進行系統化、正統的學習與研究，並且能夠全心投入十多年來鑽研。現在想起來還是覺得相當的幸運。

筆者一開始就是從紫微斗數這個領域切入，開啟了鑽研國學的歲月，先後學習了紫微斗數、八字、七政四餘、風水、易經、奇門遁甲、閭仙派等。

每一門學問都相當博大精深、每一樣學問的運用方式讓筆者更能瞭解國學中學問的關聯與重要之處，能夠將學問融會貫通並且運用得當才是一個鑽研國學的重要使命。

筆者列出幾位跟隨的名師，在名師的教導之下，確實收穫匪淺。（下列排序不具任何意義）

師事　臨濟系占驗門第五十四代掌門人天乙上人

師事　林琮學老師

師事　陳天寶老師

這本書的出版要感謝很多人，筆者的這條學習之路，一路走來尤其要感謝非常多的老師，這一路的提拔與多年來的教誨與傳承，筆者跟隨過十位有餘的前輩，在每位老師的身上更看到了堅持國學的美德。

紫微斗數這門學問是筆者進入易經理學的敲門磚，因此對筆者影響甚深，感謝天乙老師對學生的惇惇教誨，至今才方有些許成就。

一本書的出版，後面是一個 15 年的累積，筆者期望國學在文化的崛起之後能夠受到更多的重視，中國人的智慧與哲學能夠讓更多的人瞭解其奧妙之處。對於我來說，更多的是情懷與責任來傳承國學。

林汶諭

認識
紫微斗數源起

#東方占星

#七政四餘

#黃道十二宮

#紫微斗數

#近代顯學

一　為何稱為東方占星？

這個名詞並非筆者所創，這是沿襲了 天乙老師的用法。那麼，先解釋一下為何筆者在書中稱為東方占星，這是有一些淵源的，紫微斗數在演化的過程中也受一些印度占星的影響。所以，筆者才會用占星這個概念來介紹應該會讓讀者更好懂。東方占星 紫微斗數的出現歷史也相當久遠，相傳可以追朔到五代末、北宋初的著名道家陳摶（陳希夷）[1]的觀星心得所創。

紫微斗數有一連串的演進史，而紫微斗數的前身就是唐代的七政四餘，以金、木、水、火、土這個元素，再加上太陰星（代表月）、太陽星（代表日），合在一起便稱之為「**七政**」。而另外又以紫氣、月孛、羅喉、計都這四顆虛星，稱之為「**四餘**」。

這一門學問在唐朝時期經由印度傳入中國，而傳入之後又融和了我國當地文化而成為當時重要的天文占星流派「琴堂派」，這就是「七政四餘」的基本架構，在這個時期的星盤是圓形的，用法與視覺效果都與現在紫微斗數習慣使用的方形差異甚大。

[1] 陳摶（871 年－ 989 年），字圖南，號扶搖子、白雲先生、希夷先生（「夷」指視而不見，「希」指聽而不聞），知名道教人士，習慣上尊稱為陳摶老祖、希夷祖師等。

二　前身？七政四餘？

筆者偶爾會在電影或電視劇中看到一些國學的相關辭彙，都不免開心一笑。我們應該對『**黃道十二宮**』這個詞不陌生吧！但是鮮少人去仔細研究這個辭彙，這裏簡單介紹一下，太陽在宇宙中沿著固定的軌道運行，而經過的這些軌道就稱「黃道」，太陽就順著這個軌跡運行，每天大約以一度的速度前進，以春分當做起點，每月一宮，一年之後剛好走完一圈再回到出發點。

1. *與黃道十二宮什麼關係呢？*

七政四餘的星盤就是以太陽春分當作出發點，並且將黃道分成十二等分（簡單的理解就是相當於十二個月份）。因此，每一等分則稱為一宮，而十二等分則因此成為十二宮。

黃道十二宮的每一宮大約有三十度之多（簡單的說法就是一個月）。

十二宮總共三百六十度，而一度約一天或二十四小時，因而一度（一天）中又分為小十二宮，所以每宮相當於兩小時，因此每兩個小時則大約三十度，所以每刻度就為四分鐘，這樣一階一階的算下來就形成了非常小刻度的劃分。所以將如此系為的時間加入推論中就可以讓論證方面更加細緻。

有沒有頭昏腦脹啊？沒關係，看看下面這個圖就知道了，就是將時間的刻度細分出來，而這個時間軸就是紫微斗數的根基了。

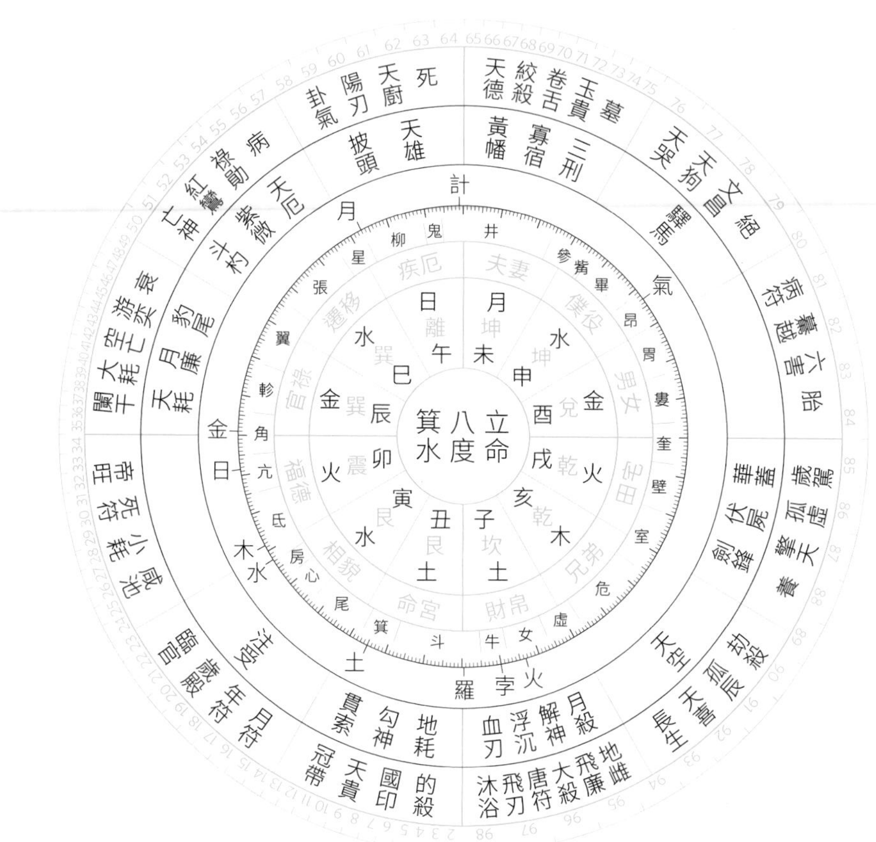

七政四餘命盤示範

2. 七政四餘怎麼傳入中國呢？

根據記載的說法是這樣，在唐朝這個時期，七政四餘的盤面是圓形的，就是類似上面這個圖形，而非現代普遍使用的方型，而圓形的用法則會更接近印度占星的用法。

而當時的十二宮的排列就已經有印度占星的概念。但是，印度占星在傳入中國之初，這個學派在應用方面與當時的中國文化有了很大的衝突與矛盾之處，尤其在曆法與節氣上的運用並不能跟當時務農的文化相融和，因此傳入的占星系統在初期的整合過程中不斷出現問題，這不僅影響了原本占星學的精準度，也無法更有效的運用在生活中。

3. 如何成為現在的紫微斗數？

剛剛有說到，這個文化的融合過程確實不容易。也是如此進而加速了印度占星與中國本身的易經傳統學、占卜有了更大進步與調整，嘗試著去解決當時所出現不合理的偏差。是不是要感嘆起古人的智慧了，透過不斷的測試終於成為一門獨立的天文測算學，在論斷上可以更為理性，並且更具邏輯性，整個架構逐漸清晰明朗而有條理，因此唐朝在天文占星術獲得相當程度的發展！

在經過唐朝重大的變革之後，到了明朝，終於成為目前我們所知道的紫微斗數的基本架構，將易經的洛書所衍生出來的九宮數，進而轉化成十二宮，用九宮來對應占星的十二宮，因此進一步將原本占星學的圓形改成目前的紫微斗數方形命盤，以占星位置與軌道的刻度交錯運用，讓代表空間感的宮位與時間進一步雙向對應，進一步解決了這兩種體系之間的衝突，進而整合成為更科學、更有條理的一門學問。

三　紫微斗數的參考書籍

真要跟其他的國學資料一比，紫微斗數的文獻真是不多。參考文獻書籍通常是很重要的學習依據，可以有效的防範口耳相傳教學上的誤導。紫微斗數其實相當科學，也是我們中國最古老的統計學或者是資料庫，老祖宗藉由虛星之間所產生的磁場形成一門預測學系統，來達到解惑的目的，而精細度甚至比西方占星術更加細緻與精確。

1. 紫微斗數古籍

對於想認真探討紫微斗數的人，就會發現從歷史上流傳下來的紫微斗數書籍其實並不多。而到目前為止，有關「紫微斗數」的古籍，主要還是以陳希夷先生所流傳的刻本《紫微斗數全集》、《紫微斗數全書》與明朝萬歷年間九年（1581 年）《紫微斗數捷覽》這幾本為主。

2. 古抄本

當然，還是有一些是屬於古抄本的書籍，例如：《斗數綱要》、《斗數秘鈔》、《斗數演例》、《紫微斗數之捷徑》，以及民國初年王裁珊《斗數宣微》、《斗數觀測錄》，這些古抄本進一步解決了古籍不容易理解的問題。雖然前人智慧所流傳的書籍不多，但是在一些有心傳承的前輩身上反而將紫微斗數這一門學問發揚光大了。

3. 現代的書籍

筆者建議在學習的過程中能夠有系統、有方法來學習的，這樣會減少，也能少走冤枉路。我個人是很推崇 天乙老師與中州派前輩的作品，認為是比較有系統的學習。另外，現在紫微斗數的書籍眾多，對於已經有基礎的人便可以多方參考來加強學習過程。

四 ｜ 紫微斗數正名

說到紫微斗數這個名稱的由來，那就要提到明代的兩部作品《道藏[2]》與《續道藏》。而《道藏》總共有 5303 卷，480 函，每函若干卷，每卷為一冊。據說，在編纂《道藏》時因為缺漏不少，因此在明朝神宗萬曆 35 年（1607 年）期間，則由正一道天師張國祥奉旨將原來的《道藏》將其校對與補正，而又編纂了《續道藏》，而《續道藏》總共有 32 函，180 卷。

那麼，這裏怎麼會提到《道藏》與《續道藏》呢？

那是因為紫微斗數的正名是首次出現於《續道藏》，而在《續道藏》中將《紫微斗數》也收錄了整整三卷之多，雖說作者佚名不詳，但是這兩部著作讓紫微斗數這個名字從此立下了重要的位置。

另外，在清朝的《四庫全書》經、史、子、集四部當中。在子部的術數中收錄總共約五十種，而當中對星學、占星也統一收錄在星學大成中、而這部份也有 30 卷之多可說為數不少。

[2] 引述維基百科，《道藏》是一部彙集大量道教經典及相關書籍的大叢書，所收典籍廣泛，既有道教經典論著、科儀方術、仙傳道史，也有醫藥養生、天文史地、諸子百家書籍，還有不少有關中國古代科學技術的著作，是研究道教的經典依據，也是研究中國傳統文化的珍貴資料。現存最早的《道藏》是明朝的《正統道藏》版本，一部原來收藏在北京的白雲觀，現在由中國國家圖書館收藏；另一部現存日本宮內廳書陵部。

五 近代的顯學

1. 風靡於港臺

紫微斗數雖在清末崛起，隨著時代的演進，紫微斗數於 1960 年代之後在香港與臺灣引起一股潮流，日漸形成學習的風氣。在當時的臺灣，紫微斗數與姓名學這兩門學問遂成為無人不知、無人不曉的狀態。也是因為這樣，所以港臺這邊對於紫微斗數的學習風氣旺盛並且紫微斗數的資料與文獻會多一些。另外，紫微斗數又與八字學，成為了近代的兩大顯學，在港臺因為紫微斗數有占星的特質，星座的形象具體好聯想，簡單易懂的特質而有日漸淩駕八字學的形勢。

2. 何謂南北兩派

在近代紫微斗數的學習風氣旺盛的情況下，各大派別林立，百家爭鳴之象，因此各家都在爭一個正統的位置。然而仔細推敲起來，紫微斗數有南北兩派之分，南派首重星曜本質，而北派則重視於化氣，並且以宮位的架構為主軸。紫微斗數的演進史中相繼出現過非常多的派別，但是有些派別則是曇花一現，目前得以傳承的以香港中州派與臺灣占驗派為紫微斗數的兩大主流，其他如透派、飛星派、在學術上各有迷人之處。

談論起紫微斗數近代演進史，臺灣的紫微斗數發展比起香港在時間點上略早一些。而當時香港的前輩，如陸兆斌、王亭之等人與當時臺灣的斗數前輩嚴若堂、朱山壽、康國典已經頗富盛名了。而到了近代的 1970、1980 年代時期，則以陳岳琦先生與占驗派第五十四代傳人天乙上人成為了紫微斗數代表。

六｜為何秘不傳人？歷史定位？

有關天文相關的官制與部門在中國數千年的文化中一直很重要，尤其中國歷代皆有設置天文觀測與曆法、祭祀、授時的部門，而這樣單位在各個朝代名稱雖然多有不同，但是其功用都相當類似。

在周朝裡就有設置靈臺的文化，而靈臺的作用不僅僅是觀測天象的地方也是舉辦重大儀式的場所，當然也是皇權神授的一個象徵之地。因此，周代的官制中也有神職的官員，如太史的職責是主管曆法與記事等，還有祭祀與禮儀的天官、掌管祈福祝禱的太祝、掌管占卜的太卜、掌管神事的太士。因為周人尊重祖先，任何關於政務或祭祀等大事都會向祖先先行请示，因此與宗廟事務或者天文相關工作，都具有一席之地，而且這些職位都不在少數，可見其重要之處。

在秦漢魏晉時期，此時的天文曆法更趨於完整，在曆法、儀器製造、星圖的編制上都有了跳耀式的進步。秦漢以後有署官太樂、太祝、太宰、太醫、太史、太蔔、皆有令、丞，分管樂舞、祭祀、饌具、巫醫、觀測天文、蔔筮等職位。

隋代設四司，分為禮部、祠部、主客、膳部是主管禮儀、祭祀等業務。太史監、唐朝初期則被稱為太史局，到唐肅宗乾元元年則改為司天臺是主管觀測天象、頒佈曆法的部門。到了宋、元兩朝則有司天監，元代又設太史院，太史院下設了三個局，推算局、測驗局、漏刻局。

簡單的說，這些都是以觀測天象為主而設置的相關部門。

而明、清兩朝設有皇室專屬的欽天監，針對天文占星進行研究，其研究的範疇雖然廣泛但是又以紫微斗數最為神祕難懂。因此，能夠接觸到紫微斗數的人往往只限於皇族中人或是皇帝欽點的官員。這也就是紫微斗數在古代被尊稱為「帝王學」的原因，由於紫微斗數理論觀念嚴謹，而計算複雜，而且又是一般人難以接觸，這些都造成紫微斗數充滿神秘的原因。

在現代大數據盛行的基礎下，這一套紫微斗數可以說是最古老、時間最久遠的資料庫將重新啟用一個新的認知、一個新的邏輯來揭開神秘的面紗，得以展現出最完整的數據內容。

七　紫微斗數的運用場景

怎麼樣是一個好的運用呢？

既然這是一門統計學、一門精確的預測學，當然也是一門學術研究，而這一門學術研究來自千年的推演與預測邏輯。因此，要介紹一下運用的場景，讓有心研究這個領域的人對學習能夠產生更多的樂趣。以下幾點是特別重要的場景運用。

1. *改善與家人的相處互動與關係*

前面我們有稍微解釋了紫微斗數的 12 個宮位，而這些宮位與星星的組合可以說明這張星盤的當事人的個性、行事風格與家庭資原。但是，在每一個運程裏面，除了財富與事業受到相當的重視之外，運限當中與親人的相處關係是不是和諧？緣份深淺？或者是不是融洽？因此，你可以透過本命盤與運限的星盤交疊看出很多端倪。

這樣說吧，如果一個人的人生當中擁有了如日中天的事業與財富，但是身邊就沒有一個可以分享的伴侶或是家人，這是多麼令人不甚唏噓啊。

如果例子相反，如果擁有了一家的和樂融洽，父母慈祥、手足有情、另一半有愛、而子孫有孝，這時候就算事業財富只是平常，好像也沒有太多的遺憾了。不過，生命中很多值得追求的事情，人生各個角度的比重就因人而異了。

“舉個例子”

如果你的本命星盤的夫妻宮是貪狼星坐守，那你其實最欣賞那種會說話、會講好聽話，甚至甜言蜜語的人，最好還是多才多藝的。不過，這樣的對象大家都會喜歡吧？只是，想要的人與實際上要到的人，這可是兩種情況喔，這時候就要參考官祿宮就會清楚實際的對象是哪一種個性喔。

夫妻宮
官祿宮

"舉個例子"

夫妻宮——擎羊單守

夫妻間的相處時常會因為很多因素而有所變化，假設某個運程的夫妻宮突然變成了擎羊單守了，煞星單手在夫妻宮，首當其衝的就是夫妻的相處了。這個時期突然間兩個人的相處出現問題了，不僅很容易惡言相向，甚至會水火不容。

這時候，夫妻間的相處就需要智慧了，要好好探討解決方式，方式雖然很多。例如：相處時間的調整或是工作內容調動之類。但是，這個具體要如何調整就要運用星盤合理的方式來處理才能夠順利，可以利用星盤來幫助做決策。

2. 找出問題的癥結點

這個部分的紫微斗數會比較靈活，需要長年的一些驗盤的經驗才能處理的完善。

在人生過程中不管在家人的相處或是人、事、物上面的處理常常需要圓融與智慧的處理方式，但是常常都很難做到面面俱到。因此，可以透過命盤上的癥結點來幫助自己作決策找出問題點。

"舉個例子"

父母宮

每個運程都沒有十全十美的，某個運程中的父母宮看起來有狀況，父母親有身體微恙的可能性，這時候可以利用星盤找出有風險的位置甚至是時間點，針對這些有風險的位置做點預防的動作。

假如，我們已經從星盤上去推測到父親的手腳可能會出現問題，那從日常的生活保健到定期的健康檢查都是很好的預防方式，利用星盤把風險之處的範圍縮小，針對某些疾病或位置找出來，並且多加以預防。

“舉個例子”

在創業的過程中時常都有機會與人合夥經營企業，合夥本來就相當不容易，那如果可以更早的知道合夥之間的問題是什麼而加以進行協商的動作，雖然可能不盡圓滿，但是也可以將傷害做到最低，而不至於連朋友都做不成。

如果在星盤中你已經發現事業伙伴有財務的隱憂，就可以適當進行一些預防或者是幫忙的動作，將風險減小到可控制的範圍也是一個很好的預防動作。

官祿宮

3. 找出最好的邏輯

雖然用幾句話講起來很簡單，但是實際上的操作確實非常非常傷腦筋，這部份很具挑戰，因為這需要星盤當事人的絕對信任，也需要能夠深入瞭解當事人的狀況才能給到最完美的建議，而且同時要能符合星盤的特徵，這樣才能規劃到最細節的部份。這是一種很強的預測學，並且能夠提供精準的建議。

“舉個例子”

在某個運程中已經知道星盤當事人容易投資失誤虧損，那麼可以針對星盤中的星性與宮位來給與當事人適當的建議，避免當事人進行不當的投資或投機。

田宅宮
財帛宮

紫微斗數
工具篇

#命盤十二宮

#主輔星分類

#宮位分類

#常用名詞解釋

一 手動排盤與軟體下載建議

1. 手動排盤

紫微斗數之命盤的排盤順序依序為安命身十二宮、從寅宮為首、再定五行局、接著安紫微星的位置、再依序安置其他的 13 顆主星、最後安輔星與煞星，當星盤呈現完整之後，即可依照命宮宮位的三方四正、十年大限的走向等條件來解讀命盤。

排盤的工具放在本書的最後的附錄工具篇，只要依照著圖表一步一步進行即可，排出該出生日期時辰的完整星盤。

2. 軟體下載

科學進步了，對於學習也有很大的幫助，現代幾乎都是以軟體來幫忙排盤了，非常方便。手工排盤機會雖然變少了，但是，手工排盤會增強對安星法的認知，還是建議初學習的人，能夠多多嘗試用手工排盤來加強對於紫微斗數的邏輯建立。這裏就跟大家介紹一個挺方便的軟體，學習者可以免費下載下來使用→文墨天機。這個軟體有分為一般版本與專業版，可以選擇一般版本對於一般使用者就已經很夠用了，目前這個 APP 還是免費供人使用中。

步驟 1 ***打開手機的 Google Play 商店***

步驟 2 ***搜尋「文墨天機」***

步驟 3 ***點擊 安裝***

步驟 4 ***修改內部設定→進入命盤，右上方的設定欄位***

將占驗派的四化設計成下列表格中的四化口訣，當然如果您學習的是其它派別那就请您依照該派的四化口訣來進行設定。

步驟 5 ***可以開始排盤了喔，注意出生年月日與時辰的準確性。***

四化口訣

十二天干	中洲派	北派	占驗派
甲	廉破武陽	廉破武陽	廉破(曲)陽
乙	機梁紫陰	機梁紫陰	機梁紫陰
丙	同機昌廉	同機昌廉	同機昌廉
丁	陰同機巨	陰同機巨	陰同機巨
戊	貪陰(陽)機	貪陰右機	貪陰右機
己	武貪梁曲	武貪梁曲	武貪梁曲
庚	陽武(府)(同)	陽武同相	陽武同相
辛	巨陽曲昌	巨陽曲昌	巨陽(武)昌
壬	梁紫府武	梁紫(輔)武	梁紫府武
癸	破巨陰貪	破巨陰貪	破巨陰貪

二　紫微斗數系統與架構

這裡來簡單介紹一下紫微斗數的結構，紫微斗數這一門預測學需要利用到精確的出生年月日和時辰才能排出整張的星盤結構，不管西曆或農曆都可以使用軟體進行排盤。對於不知道自己的農曆出生年月日的人，只要知道精確的時間點都可以利用萬年歷來進行互換。但是，紫微斗數的星盤尤須注意的是出生時辰，兩個時辰為一個單位，所以時辰的精準還是可以避免整張星盤的偏差。

1. *紫微斗數的星星分類*

紫微斗數的星星大大小小有 108 顆，每一顆都有其特質，所以某個位置星星眾多的情況下是不是就會不純粹了，而星星的組合也很重要喔。這個需要慢慢體會與學習，前面四組的星星是最重要的，我們一起先來瞭解星星的分類吧。

可以依照建議的學習順序來進行學習！

標示「★」少的也不是不重要喔！

建議先加強標示「★」多的開認識！

紫微斗數主輔星分類

學習順序	名稱	星星名
★★★★★	十四主星	紫微星、天機星、太陽星、武曲星、天同星、廉貞星、天府星、太陰星、貪狼星、天相星、巨門星、天梁星、七殺星、破軍星 **又可分為三大星系——** **北斗星系：**紫微星、武曲星、廉貞星、貪狼星、巨門星、破軍星 **南斗星系：**天機星、天同星、天府星、天相星、七殺星、天梁星 **中天主星：**太陽星、太陰星
★★★★	六吉星	天魁星、天鉞星、左輔星、右弼星、文昌星、文曲星
★★★★	四煞	擎羊、陀羅、火星、鈴星
★★★	四化	化祿、化權、化科、化忌
★★★	輔星	臺輔、封誥、恩光、天貴、天官、天福、三臺、八座、龍池、鳳閣、天才、天壽、紅鸞、天喜、天馬、解神、天巫、天空、地劫、地空、天刑、天姚、天傷、天使、天虛、天哭、孤辰、寡宿、截空、旬空、蜚廉、破碎、天月、陰煞
★★	博士十二星	博士、力士、青龍、小耗、將軍、奏書、飛廉、喜神、病符、大耗、伏兵、官符
★★	長生十二星	長生、沐浴、冠帶、臨官、帝旺、衰、病、死、墓、絕、胎、養
星星的用法	簡單的解釋，就是要注意每一個位置的星星組合，兩個主星放在一起是好還是不好呢？好壞的定義因人而異，那星星越多則氣息越復雜，如果你的命宮有兩顆星星那你就會有兩顆星星的特質。針對**星星的形象會在第肆章中做詳盡的介紹**。紫微斗數中有 14 個重要的主星，我們會將所有的星星冠上形象，那就跟著小師姐的順序一步一步來喔。	

2. 紫微斗數的宮位分類

紫微斗數為中國歷史久遠的占星論斷方法，利用農曆之出生年月日和時辰來排出個人星盤結構，進而窺探格局的高低，行運吉凶。**命盤形式主要分成十二宮位，命宮、兄弟宮、夫妻宮、子女宮、財帛宮、疾厄宮（身體宮）、遷移宮（外出宮）、僕役宮（朋友宮）、官祿宮（事業宮）、田宅宮、福德宮、父母宮，總共十二個宮位**。星宿排列的結構，再將各大星系逐一羅列其中，中天諸星、北斗諸星、南斗諸星等星呈現出星盤組合。而其中又以紫微星為首的方式先進行安星，再循序漸進將各個主星與輔星排定，故稱為「**紫微斗數**」。

在宮位的詳細介紹放在本書的第參章，會逐一針對每個宮位來進行解說，能夠更清楚瞭解每一宮位的主軸與重點。而這裏就進行簡單的介紹，參考下面這一個圖表，紫微斗數將人的星盤分為十二宮位，也就是星盤主人這一輩子的人生軌跡與人生重心，可以利用紫微斗數的星盤來一探究竟。

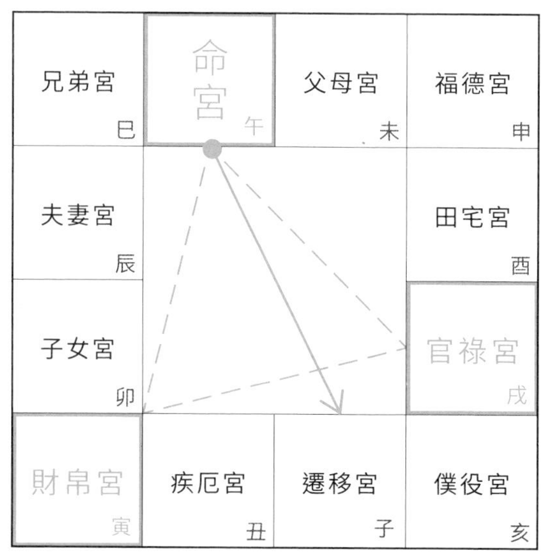

※12 宮的位置變化多種並非固定不變，此為舉例示範

宮位分類重要的架構

命宮	是一個決定個性的主要星座，在研究星盤時，通常會以命宮當成出發點，是這張星盤的主人最大的性格特徵。但是東方占星的星星繁多，星星的好壞與組合都會決定個性上的優缺點。
命格	以命宮為主，再加上三方四正的位置，而決定命格。決定個性優劣，性格好壞與特質，還有整個星盤上的格局高低。
三方	以星盤的命宮為主，加上左右兩邊的影響力，就是財帛宮與官祿宮，這一個三角形的位置通稱為三方。而三方就是星盤主人的人生格局重點。
四正	除了上述的三方之外，再加上遷移宮位，則稱為四正。

“舉個例子”

以午位為命宮

則三方為寅位與戌位，而這一組寅、午、戌則稱為三方。

以子位為命宮

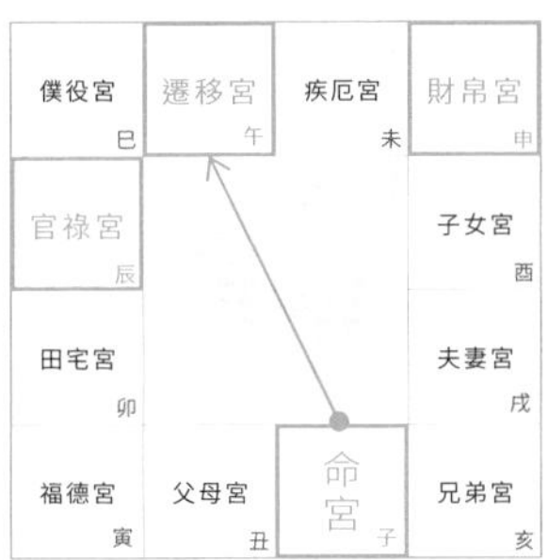

則三方為申位與辰位，而這一組申、子、辰則稱為三方。

以未位為命宮

則三方為亥位與卯位，而這一組亥、卯、未則稱為三方。

三　紫微斗數專有名詞介紹

紫微斗數的架構體系龐大，為了增加學者在學習的方便度，本章整理出常使用的紫微斗數名詞介紹。

紫微斗數專有名詞介紹

編號	名詞	說明
1	**星宿**	命盤中各種星的稱呼，又叫星座、星曜，或簡稱星。 例如：貪狼星也可以稱為貪狼星座。紫微星也可稱為紫微星座。
2	**十四主星**	紫微星、天機星、太陽星、武曲星、天同星、廉貞星、天府星、太陰星、貪狼星、天相星、巨門星、天梁星、七殺星、破軍星。 每個主星都有不同的個性、命格與行事風格。如同西方的星座一樣，使用習慣之後就能夠好聯想，在本章的第肆章會針對每一個星座來分析探討，十分有趣。
3	**北斗星系**	紫微星、武曲星、廉貞星、貪狼星、巨門星、破軍星
4	**南斗星系**	天機星、天同星、天府星、天相星、七殺星、天梁星
5	**中天主星**	太陽星、太陰星
6	**六吉星**	天魁星、天鉞星、左輔星、右弼星、文昌星、文曲星。 這是很常使用的吉星，在命格的結構會用到的都是利大於弊的。
7	**四煞**	擎羊、陀羅、火星、鈴星、稱為四煞。這幾顆星對星盤都有大小不等的殺傷力。對柔性的星座殺傷力尤其大，這裏所說的殺傷大通嘗是指原本的星座受到質變的影響程度。
8	**四化**	四化指化祿、化權、化科、化忌等四顆星，又叫四化。 這是針對 14 主星所衍生的結果。這四化星雖不是正星，但是作用很大，可以針對主星在原有的架構上多了一些質變的效果。

編號	名詞	說明
9	**宮位**	星盤上共有十二個格子，每一個方格就是一個宮位（又稱宮垣），因此整個星盤共有十二個宮位，順序為命宮、兄弟宮、夫妻宮、子女宮、財帛宮（財富宮）、疾厄宮（身體宮）、遷移宮（外出宮）、僕役宮（朋友宮）、官祿宮（事業宮）、田宅宮、福德宮、父母宮。宮位所呈現出來的是當事人對於這個位置的心態、應對方式或者是重視程度。
10	**五行局**	為水二局，木三局，金四局，土五局，火六局。五行局是由命宮納音而定。
11	**本宮**	指主軸的宮位。如看兄弟的事情，則以兄弟宮為主來看，所以兄弟宮就是你論事情的本宮。那要若瞭解父母情況，則以父母宮為本宮等等。十二宮均可為本宮，端看以什麼事情為主。
12	**對宮**	指本宮的對宮，簡單的說，如：子宮的對宮為午宮，丑宮的對宮為未宮，辰宮的對宮為戌宮。對宮的吉凶對本宮影響也很大。
13	**三合宮**	即地支三合。如申子辰，巳酉丑，亥卯未，寅午戌。從本宮算過去前五位與後五位就是三合宮，又稱三方。如果本宮是命宮，那官祿宮與財帛宮就是三方。
14	**三方四正**	指本宮的三合宮為三方，在加上本宮的對宮為四正。三合宮和對宮合起來統稱為三方四正。三方四正是以分析本宮的強弱吉凶重要的一環。
15	**空宮** ／無主星	探討的該宮位中無正曜、無主星，就是沒有紫微斗數的14顆主星在其中，則稱之為空宮。
16	**夾宮**	針對本宮的左右兩宮，稱為夾宮。如果本宮是午宮，那巳宮與未宮就是夾宮。如果本宮是卯宮，那辰宮與寅宮就是夾宮。夾宮對當事人的行運也是很有影響，當夾宮好的時候，行運的貴人扶持也多。而當夾宮不良的時候，行運的壓力就會比較大。

編號	名詞	說明
17	拱照	指本宮的三合宮有一組星在本宮之外的兩宮就是拱的概念，舉例說：以午宮來說，寅宮有文昌星，戌宮有文曲星，那就是昌曲拱。再舉個例子，以辰宮來說，申宮有天魁星，子宮有天鉞星，那就是魁鉞拱。這是為了進行解說來把例子簡單化。
18	大限／大運	在紫微斗數星盤總共有十二個宮位，而以每十年為一單位，稱為大限。而大限就是一窺十年大運的吉凶禍福的重要依據。
19	小限	針對大限十年的衍生，也是流年。舉例說：這十年的重點事情要搭配太歲與小限來進行確認，也就是確認是哪一年發生的。
20	流年	依照六十甲子的順序推算，庚子年→辛丑年→壬寅年。這樣子，天干與地支都需要依照順序排列，假設：今年是壬寅年就是流年，也是太歲。
21	天羅地網	指命盤上的辰戌這兩宮，也就是有施展不開、綁住的意思。辰位為天羅，而戌位為地網。因此這兩個位置就稱為天羅地網。
22	廟旺	指星星所落之宮是處於**最亮**的時候或者與宮位呈現生扶的架構，因此廟望的星星都能充分發揮其良好的作用。
23	弱陷	指星星所落之宮是處於**較暗**的狀態或者與宮位呈現剋洩的架構，因此弱陷的星星能力會受到克制。
24	得地	指對的星星在對的位置上，這裏其實有兩種說法。一種是在對的位置上，舉例說：天相星在官祿宮就是得地，因為天相星是官祿主，所以在官祿宮就是得地。而天府星在財帛宮就是得地，因為天府星是庫星在財宮當然是相當適合的。而另外一種說法就是官位對星星的相生相扶，舉例說：天相星屬水很適合在金的位置上，也就是申位與酉位。

編號	名詞	說明
25	殺破狼	是指三顆星，就是七殺星、破軍星、貪狼星這三顆星，這三顆星因為星性強烈，有敢衝、敢要、敢拼的味道，因此也有變動的意思。
26	四馬地	是位於星盤的寅宮、申宮、巳宮、亥宮這四個位置，這四個位置分坐在星盤的四個角落。不管是命格或是大運在四馬地都有驛馬的味道，象徵賓士的現象。
27	四墓地	是星盤的辰宮、戌宮、丑宮、未宮四個位置。
28	桃花星	紅鸞，天喜，咸池，大耗，天姚，沐浴。桃花星也分成正桃花與偏桃花，正桃花多半隨著姻緣而來，而偏桃花則多指異性緣。
29	三奇加會	指化祿、化權、化科，這三個輔助星如果出現在命宮三方四正，代表該人資源多、有能力，因此也主富貴。
30	空星	對星盤有殺傷力的，通常是指截空與空劫一組（地空與地劫）。這種破壞力有直接破壞讓星星能力下降或者將凶性隱藏的能力。
31	生年四化	生年的天干所衍化出的四化。舉個例子說，甲年生的人就需要運用四化口訣→因此廉貞星化祿、破軍星化權、文曲星化科、太陽星化忌。
32	竹羅三限	通常是指生年命宮與身宮的位置是在七殺星、破軍星、貪狼星這三顆星的其中兩個位置，而十年大限卻又走到這三顆星的任何一顆，因此這一組合就會造成環境和命運的起伏過大，而有凶險。

四 紫微斗數的學習順序

在紫微斗數中大大小小的星星，總共 108 顆。這麼多的星星建構出十分精準的東方占星體系，能夠架構出 144 種基本命格，非常有意思。

這邊列出在學習紫微斗數之前，需要先建立的一些國學知識與概念。紫微斗數在演進中也是將易經國學納入而自成一個體系的情況下，如何循序漸進將東方占星紫微斗數運用得更好。

1. *基本的國學知識*

包括陰陽、五行的相生相剋、十天干、十二地支，以及各主星的五行屬性。這些基本上都是所以國學的基礎，建議先花點時間慢慢強記。

2. *瞭解斗數安星法*

紫微斗數的安星法是什麼？這個是排出紫微斗數命盤方法論，步驟非常多，可以參考這本書的附錄二（P206）。但是，現代科技進步了，有一些排盤的基礎都有軟體可以運用，很好用也很方便。但是還是建議要試著手工排盤一兩次，可以加深邏輯與結構的概念。另外，因為紫微斗數派別眾多，要特別留意排盤軟體的基礎設置，這些配置通常與派別有關係，這雖然會影響到生成的結果。

3. *掌握紫微斗數單星的基本特質*

紫微斗數星星眾多，除了每顆星星有自己的屬性之外，在星星的組合上也會因為不同的組合而造成不同的化學效果與反應。所以紫微斗數的基礎功夫就特別的重要了。

4. 紫微斗數格局

什麼是格局呢？在紫微斗數的格局眾多，所以當基礎紮根到一定的程度之後，就要參考古書所說的格局。如同八字的學問一樣，這些格局都有很具體的意義，可供參考。不過，因為時代背景的不一樣，在現今這個社會來解讀格局就需要特別注意小心，古書前人的言詞常常都會特別犀利果斷，切記不能太過直言不諱，在判斷上也要小心謹慎。

5. 紫微斗數雙星格局

紫微斗數雖然只有十四顆主星，但是不同的組合，在效果上就會差距甚大，總結出來單單是命格組合就有 144 種組合。針對雙星的組合會在下一本書中詳細呈現給有興趣的學者進階研讀。

"紫微星為例子"

命宮紫微星座 獨坐子午宮	命宮紫微星座 破軍星座 同宮丑未宮	命宮紫微星座 天府星座 同宮寅申宮
命宮紫微星座 貪狼星座 同宮卯酉宮	命宮紫微星座 天相星座 同宮辰戌宮	命宮紫微星座 七殺星座 同宮巳亥宮

※ 以紫微星座為例，就有上述這六種基本組合。

雖然有時候命格主星一樣，但是身宮的坐落位置不同或者是命身宮組合不同，個性上就會差別極大，甚至有時候只是多了個煞星，整個星盤的性質就會呈現出不同的效果，因此更要小心分辨。因此，就有人說如果再加上干支的效果，有達到數十萬種的不同組合效果，真是相當令人驚艷。

6. 大運活盤實操

什麼是活盤實操？

就是開始進入好玩的星盤實操，這個時期要學習星盤的轉動，不是看基礎命格了，而是把重點放在命與運的一些引動與交迭的過程。這個過程是藉由大量的實操演練來驗證星盤的學習節點。不過，要進入實操演練必須依賴大量的基礎功，才能在這個節點演練的順利，否則單單基本命格都論斷不準了，那要論斷大運豈不是難度更高了嗎？

7. 流年活盤實操

如果你將上述的這些技巧都給熟悉了，那麼就可以進入關鍵流年了，針對已經推定的十年大運，就可以開始著手進行分析，先抓出這十年當中的重點大事，先把主軸抓穩了，在判斷流年上就可以穩抓穩打，比較不會亂了方寸，這樣推論流年的事情與方向就可以更精準。

8. 月份活盤實操

能到這個時候，你已經贏過 98% 的學員了。到這一個階段也表示你已經花費了不少時間在實操演練上，大部份能到這個部份的學員，在紫微斗數的研究上已經頗有基礎，在未來的研究路上就算沒有老師提攜，也可以利用自己的基本功不斷的成長。

在上一個階段，你已經可以針對流年來進入準確的論斷，那接下來，你就需要把流年的事情給分析好之後，尋找發生機會點高的月份來進一步論証與預防。

9. 月份中的每日活盤實操

在進入完月份的學習，您就可以進入日子的推演，這是什麼意思呢？跟之前的邏輯一樣，針對月份會發生的事情來進行那一天發生機率高的推斷。其實很多學者針對這一部份，認為不需要如此鉅細靡遺。但是，學習是一條無止盡的道路，想學習到什麼程度只有自己清楚。

找找你的
命定 12 宮

#命宮 #兄弟宮
#夫妻宮 #子女宮
#財帛宮 #疾厄宮
#遷移宮 #僕役宮
#官祿宮 #田宅宮
#福德宮 #父母宮
#身宮

在進入這一章之前，您應該手上有自己的星盤了。而在前面的章節，我們介紹了如何使用軟體來排盤，那你是不是開始對自己的命盤感到好奇？忍不住的想一窺星盤的秘密呢？卻又突然發現這張專屬於自己的星盤密密麻麻的好多星星名，好像有看沒有懂。沒關係跟著步驟一步步很快就能對自己做一點分析了喔。

接下來，你會看到自己的星盤上分為 12 格方型格子，這些方格子也各代表了屬於你的本命當中重要的人事物喔。你一定發現了，按照順序這些宮位分別為命宮→兄弟宮→夫妻宮→子女宮→財帛宮→疾厄宮→遷移宮→僕役宮→官祿宮→田宅宮→福德宮→父母宮。

※12 宮的位置變化多種並非固定不變，此為舉例示範

總共有 12 個宮位，這 12 個宮位資料量繁多，分別代表了你的個性、事業、工作、精神想法、財富等等與六親的關係。因此每一個位置都相當重要的。這一章先介紹每一宮位對你的意義。不過，千萬不要看到壞星星就緊張起來，雖然壞星星是不好，可是這也會反應在很多地方。讓我們來一探究竟。

1 代表個性與福氣___命宮

命宮是有可能在任何一個位置的，它並非固定不動。而命宮也是這一整張星盤當中最重要的位置，更是整個命格的樞紐。那什麼是命格呢？簡單的說法就是一個人的格局高低，舉個例子修行者這麼多也不是每個人都是聖嚴法師。企業家這麼多要做到像王永慶的成就也非一般人能及的。

命宮也是一個人個性與行動力的展現，由命宮的三方四正構成了命格的團隊，這個團隊就會有更大的影響層面，這除了影響到這張星盤的個性，對待六親位的態度與互動，也決定了這張命盤上的命格格局的高低，甚至是星盤主人在面對事情的處理能力與反應能力。也就是說是這張星盤的基礎，那能看出什麼端倪嗎？可以看出一個人的個性、執行力、健康、事業高低、個性、容貌、才華、潛力、錢財、地位、成敗關健、氣質和行動力。當然，這還是要細究到命格與整張星盤的結構，才能更精準。這個部份會在後面的單星課程一一探討。

兄弟宮 巳	命宮 午	父母宮 未	福德宮 申
夫妻宮 辰			田宅宮 酉
子女宮 卯			官祿宮 戌
財帛宮 寅	疾厄宮 丑	遷移宮 子	僕役宮 亥

"命宮" 代表什麼

命宮就是代表一個人的
個性與行為風格

這個部分接下來
分為三個方向來討論

1. 人格特質：命宮與命宮的三方四正__個性風格

命宮裏面的星星是決定這個人的個性與行為特質的，所以這個命宮與相關宮位是最重要的，而命宮中的星星我們會在後面的第肆章再來討論。

這個部分細節很多，總共分為 14 個主星，而每個主星都有特殊的個性與特質。

很難想像有的星座是桃花星的代表，而有的星座又象徵著帝王星，是不是很形象呢？這裏就來跟大家做一個簡單的介紹吧！

找出你命宮中的星星代表

星座特質	圖像	星座名稱
象徵尊貴的皇帝		紫微星座
姜子牙般的善謀		天機星座
散發熱力與博愛		太陽星座
執著又重義氣		武曲星座
重視生活享受		天同星座
重視效率與圓融		廉貞星座
性格穩健、掌財		天府星座
代表月亮與不動產		太陰星座
象徵桃花與才藝		貪狼星座

星座特質	圖像	星座名稱
化身為宰相	相	天相星座
細膩、感情易受傷	巨	巨門星座
專業、容易碎碎念	梁	天梁星座
張飛出現啦	殺	七殺星座
充滿英氣與江湖味	破	破軍星座

2. ***執行能力：***命宮能夠清楚的反應出__行動力與執行力

知道了個性之後，你可能也想到了執行力的問題。因為類似的個性卻不一定有相同的執行力，這個還是要探討到星星的組合就可以更全面的了解星盤的結構。

"舉個例子"

紫微星座坐命宮

命宮紫微星座坐命宮的人，三方四正會到的星星很重要，尤其是**輔助星**。

假如**命宮中的紫微星又會到左輔星與右弼星**，這樣的人在能力與資源都是比其他的紫微星坐命的人更強的。所以是最好的組合結構。

假如**命宮中的紫微星沒會到左輔星與右弼星**，而又會到其他的煞星，那這個人能力與資源不佳的情況下卻又任性或者過於愛面子，這個組合結構就不算好。

3. ***命格高低：***借由命宮與三方四正來瞭解___成就與格局高低

命格高低其實與個性也有著息息相關，個性好的人通常命格也是比較好的。所以我們常常看到古籍很推崇品性與品德，這也是有原因的。一個品得好的人性格比較溫和並且講理，不容易因為情緒而壞事，那當然就有很大的差別了。

不過，要探討到命格也跟命宮的三方四正息息相關。

“舉個例子”

命宮與命格

命格的高低決定未來發展，同樣是文人，有可能是一位默默付出的作家，或者一位是德高望重的教授，這也是有區別的。

再舉一個例子，一樣是當老闆、一個是自由工作者，而另一個是像王永慶一樣領導著許多大型企業的企業家，這就是格局上的不同。

知道了宮位的意義，也在第肆章中了解了個性的代表人物，你就可以推算出精準的個性。這個感覺就像是一部大型的電視劇，裡面角色豐富多彩，精采絕倫呢！

2 與手足、母親的關係——兄弟宮

兄弟宮這個宮位乍聽之下還很好理解，就是代表著家裡的手足的關係與互動。但是，實務上還有些複雜。這個宮位也可以代表當事人與母親的關係或互動。代表手足是很好理解，那為什麼是母親呢？簡單的說就是父母的夫妻宮的位置。

另外，隨著時代的轉變，現代的家庭通常都是小家庭，人口單純。但是在以前的傳統農村家庭中，勞動密集的要求，人丁多一定是一種福氣。因此，這個宮位還可以瞭解到兄弟的人數，是不是很有意思呢？

不過，在初篇我們先探討一些有趣的內容就好，不想在這理長篇大論嚇壞大家……

兄弟宮 巳	命宮 午	父母宮 未	福德宮 申
夫妻宮 辰			田宅宮 酉
子女宮 卯			官祿宮 戌
財帛宮 寅	疾厄宮 丑	遷移宮 子	僕役宮 亥

“兄弟宮”代表什麼

這位宮位可以代表與手足、母親的緣份與關係。所以，你與兄弟姊妹之間的感情好壞，是不是從小打到大，或是感情不深厚，就更談不上幫助了，還是你與兄弟姊妹之間能夠互相扶持提攜，這些關係與相處都跟兄弟宮有關係的喔。

好的，這些都知道了。那來討論一些有趣的觀點吧！

1. OMG！婆媳關係看這裡？

哈哈，有沒有很震撼？

這裏其實也看與母親的關係，但是母親畢竟是至親，就算關係不好也不會太過惡劣，但是婆媳關係就不一定了喔。如果婆媳關係有摩擦或是婆婆不喜歡你，就要有策略性的應對，看是要分開住或者要多方面示好，想辦法讓關係盡量和緩才是重要的。

嗯…所以……來看下面的例子！

“舉個例子”

我嫁不嫁的到好人家？
我娶的對象父母，阻力大不大？

OMG！這個位置還真是很重要耶！
萬一我的兄弟宮已經不算好了（就是星星組合不佳），而結婚那年如果又遇到不好的星星進去，我肯定會吃不少苦頭。

兄弟宮先天本命盤就不理想，或組合不好！
除了與母親的關係容易有問題之外，與未來的婆婆也有很大的考驗。這個部分就怕行運又有引動，就會讓狀況更佳惡化。兄弟宮星星組合不好最輕的狀況就是聚少離多，因此這也是避免摩擦的一種方法。

那什麼是星星組合不好呢？
簡單來說，破軍星帶煞星、七殺星帶煞星、落限太陽帶煞星、巨門帶煞星等等之類的。看起來只要入了煞星都不太好。是的，煞星代表著挫折與摩擦，那如果本命或行運的四化化忌星又進入，那就是雪上加霜了。

兄弟宮與
婚姻關係

2. *我的父母怎麼就不能和平相處？*

父母親的關係除了要看父母宮之外也要看兄弟宮。

我們剛剛提到兄弟宮是母親的位置，所以兄弟宮中有任何動靜都代表父母親雙方的關係有變化。什麼意思呢？

"舉個例子"

某一年的流年中不好的煞星進去了兄弟宮，看起來這一年父母親又要吵架了！那要趕快想個對策……

假如兄弟宮進入了化祿星或祿存星！
這代表了你與母親的緣份增加了，這時候有幾種可能性要推論，是不是有認義父母的可能性或者是父親的夫妻宮有緣份增加的現象，這是比較含蓄的說法，但是這個部份要推論的精準要參照本命與行運之間的關係。

那再假設你的兄弟宮進入了一個煞星與化忌星！
這下可好了，你會發現你的父母親就是不對盤，說兩句話就要鬥嘴，不然就是時不時冷戰，讓家裡相處的溫度一直處於零下，讓家人都覺得特別辛苦。

兄弟宮與父母關係

以上這些都是兄弟宮的連鎖反應，突然發現這個位置還不是普通的重要呢。所以，本命中的兄弟宮與行運中的兄弟宮有任何動靜都需要去留意，推論是哪個部份的問題。

3. 哇！可以看兄弟姊妹數量？

由兄弟宮這個位置可以透露出兄弟的人數，這個需要配合十二長來進行推演，但是還是必須參照僕役宮，這樣精準度會更高。因此，還是要依照當事人實際星盤為主。

不過，現在的人都不想生太多，怕壓力大，看起來用處不大……

計算兄弟總數訣竅與步驟

<table>
<tr><th colspan="2">訣竅</th><th>步驟</th></tr>
<tr><td>兄弟宮中有
長生、帝旺、墓
→化祿位（下圖例）

從命盤上的<u>化祿</u>
<u>位數到兄弟宮</u></td><td>兄弟宮中有
冠帶、胎、臨官
→化權位

從命盤上的<u>化權</u>
<u>位數到兄弟宮</u></td><td rowspan="2"><u>計算兄弟總數的方法</u>

步驟 1：
先找到兄弟宮的位置。

步驟 2：
看一下星盤中的十二長生。

步驟 3：
參考左側的訣竅口訣帶入，數一數。</td></tr>
<tr><td>兄弟宮中有
沐浴、衰、養
→化科位

從命盤上的<u>化科</u>
<u>位數到兄弟宮</u></td><td>兄弟宮中有
絕、死、病
→化忌位

從命盤上的<u>化忌</u>
<u>位數到兄弟宮</u></td></tr>
<tr><th colspan="2">圖例</th><th>備註</th></tr>
<tr><td colspan="2"><table>
<tr><td> 兄弟宮
長生
巳</td><td>（祿）
命宮
午</td><td>父母宮
未</td><td>福德宮
申</td></tr>
<tr><td>夫妻宮
辰</td><td colspan="2" rowspan="2"></td><td>田宅宮
酉</td></tr>
<tr><td>子女宮
卯</td><td>（科）
官祿宮
戌</td></tr>
<tr><td>財帛宮
寅</td><td>疾厄宮
丑</td><td>（權）
遷移宮
子</td><td>（忌）
僕役宮
亥</td></tr>
</table></td><td>另外：

<u>在兄弟宮與僕役宮若有截空、空劫或化忌、煞星，則代表兄弟有損或減少</u>。所以計算出來的總數需要再扣除上述提到的星曜數量，才是正確的喔。</td></tr>
</table>

3 天啊，我會嫁給我喜歡的人嗎？___夫妻宮

夫妻宮應該是沒有人會忽略的吧。感情可以說是大部分人的心靈歸宿，對很多人而言，是既期待又怕受傷害。看似單純卻又複雜的一種感情世界。這與父母之間如此單純的愛不同，也與手足之間互相扶持提攜不一樣。就是對這樣的一份感情有可能是執著的、有可能是複雜的，才會覺得特別有耐人尋味。

另外，夫妻感情的好壞也會影響到事業，所以事業與感情這兩個位置是息息相關。簡單的解釋，事業的好壞一定會直接影響到感情的發展，舉例說：工作不順利，甚至丟了工作，不可能不會影響到心情，那就會影響到兩個人的相處。而感情的好壞也會影響到工作的態度。所以，**夫妻宮與官祿宮這兩個位置常常會互相牽制**。

兄弟宮 巳	命宮 午	父母宮 未	福德宮 申
夫妻宮 辰			田宅宮 酉
子女宮 卯			官祿宮 戌
財帛宮 寅	疾厄宮 丑	遷移宮 子	僕役宮 亥

"夫妻宮"代表什麼

夫妻宮是這張星盤的主人，對於「感情」的想法與態度，也代表與配偶兩個人之間的互動，感情的順利與否。

好的，知道夫妻宮代表感情了，那來討論點有趣的主題。

1. *天啊，我會嫁給我喜歡的人嗎？*

說實話，通常都不會喔！

因為你喜歡的人與最後會娶／嫁的人通常都不一樣呢。只有少數的人喜歡的類型與最後能白頭偕老的對象一樣，是不是讓人很傷心？

哈哈……不會啦！就是理想很豐滿，現實很骨感。

在步入婚姻之前，每個人對自己未來的配偶都會有很多的想法與想像，有著無數的想像空間與美好盼望。因此，在紫微斗數的夫妻宮，除了看星盤當事人與配偶的相處關係之外，在官祿宮則可以去瞭解到配偶是什麼樣的性格。

“舉個例子”

夫妻宮是貪狼星，官祿宮是武曲星！
那表示這個星盤的主人喜歡一個有情趣、有藝文氣息的相處伴侶。但是，實際上容易與一個頗有事業心、個性強悍、有執行力的人結為夫妻，因此，想要的對象與實際上的還是有點差距。

夫妻宮是廉貞星，而官祿宮是貪狼星！
那表示這個星盤的主人喜歡一個有社交手腕、聰明的人生伴侶。但是，實際上另一半是個會喜歡學東學西、帶點藝文氣息的對象。

夫妻宮與命定伴侶

2. 我們之間的相處有沒有問題呢？

哇！夫妻宮也可以知道兩個人之間的相處嗎？答案是「**是的，很肯定**」。

應該是這麼說，夫妻宮是看夫妻之間的相處關係，甚至是兩個人彼此間的默契與協調度。夫妻宮也可以了解到配偶的個性，因為夫妻宮的好壞對於配偶的性格或者人際關係都會有影響的。

那如果不好的星星進入夫妻宮，對我或另一半會有什麼影響呢？

"舉個例子"

夫妻宮有煞星進去！
我的他／她對別人都很好，唯獨跟我相處就是像火上澆油一樣，沒有兩句話就要鬥起嘴來了，很累啊。

夫妻宮進入了化忌星！
我的他／她有很深的人際關係隱憂，好像跟別人都很容易產生口角或者是非的問題。對於兩個人之間的相處也是問題之一，我與配偶之間的相處有可能變的聚少離多，不僅相處時間非常少，另一半或是自己也有可能因為工作的原因而分隔兩地。

夫妻宮有煞星與化忌星

3. 哈哈，我有雙妻命嗎？

這是好多人都會問的：雙妻命真的好嗎？會不會沒有地方吃年夜飯啊？

因為很多很多男生都希望有一個能幹又溫柔的老婆。但是，兩全無法齊美。所以，希望大老婆能幹、聰慧、能持家，最好家世背景好還能幫忙，可以少奮鬥 20 年。那，希望小老婆溫柔、體貼会撒嬌。

哈哈，這也太會做夢了！別想了，大部分國家都是一夫一妻制……
不過，確實在星盤中也會有雙妻命的組合喔！

“舉個例子”

夫妻宮有下面二種組合，是有機會享齊人之福！

- 有貪狼星與文昌星同宮或貪狼星與文曲星同宮
- 有化祿星或祿存星同宮

因為貪狼星本身就是一顆桃花星，就算沒有祿星進入也代表多的意思，所以再加上化祿或祿存就實在是多到溢出來了。

貪狼星是桃花星

夫妻宮有一明一暗的組合，是指太陽星與太陰星同坐在夫妻宮！
這個雖然不是雙妻或雙夫的組合，但是也是說明在人生旅途中你有機會除了表面的正宮太太之外，還有個地下情人。當然，有機會不代表會去做。這就是一明一暗的例子。

太陽星與太陰星同坐夫妻宮

4. OMG！看外遇？

天啊，這也太震撼了吧？確實，很震憾！

本命的夫妻宮通常用來了解兩個人之間的相處基本盤。但是，行運的夫妻宮確實可以看得出來誰的誘惑大喔。當然，桃花也分很多種，有些桃花是屬於消費型的，有些卻是外在的誘因大。

不過，以千萬不要過份解讀命盤，你的配偶可能會吃不消喔……

剛提到有雙妻命的組合，這種類似組合放在行運的夫妻宮就是桃花現象。

"舉個例子"

夫妻宮有下列組合是有機會桃花爆表！	
夫妻宮有化祿星或祿存星同宮！ 也表示星盤的主人對另一半很重視，有這樣的條件桃花是會多到不想要都不行。 不過還是有條件限制的，一個 70 歲的老翁與 28 歲的美女，應該桃花程度會不一樣吧。這個部份需要人為判斷喔！	化祿星與祿存星同坐夫妻宮
夫妻宮有六吉星的任何一顆進入！ 六吉星是指天魁星、天鉞星、文昌星、文曲星、左輔星、右弼星任何一顆在行運的夫妻宮都有緣份增加的概念存在，因位六吉星也代表著貴人星，所以桃花也就來了。	六吉星入夫妻宮

4 我應該如何跟小孩相處＿＿子女宮

在傳統的家庭裡面，傳宗接代是相當重要的。因此，在紫微斗數的這門學問中，**子女宮**就格外重要。雖然隨著時代民風已經日漸開放了，重男輕女的觀念也慢慢淡了，但是我們還是對於生女生男充滿了好奇。在以前的社會，這個位置的資訊判斷會比現在準確的多，那是因為現在人工干預的情況實在太多了。

但是這個位置的資訊量還是很多的，可以透露出非常多的資訊。這一篇就先來說說子女宮的一些你想不到的重點，也許你已經發現了下面的主題「**哈哈……性需求？**」、「**我該如何應付小孩？**」或者是「**生男生女看這邊**」。是不是讓你有跌破眼鏡的感覺的呢？子女宮的運用已經超乎想像了。

"子女宮"代表什麼

除了上述重點之外，子女宮還可以探討到家中的意外或者財庫的穩定度，甚至是家運的起落，這些我們會放在進階篇再探討。

哇，看起來很誇張吧！想不到影響可以這麼多，對吧？下面这個主題應該讓大家睜大了眼睛吧！

兄弟宮 巳	命宮 午	父母宮 未	福德宮 申
夫妻宮 辰			田宅宮 酉
子女宮 卯			官祿宮 戌
財帛宮 寅	疾厄宮 丑	遷移宮 子	僕役宮 亥

1. 哈哈……性需求？

這可能是尷尬的笑了……

以前的人這麼新潮嗎？連這種事情也在分析？不過，說認真的，這還真的有必要好好探討。

子女宮也是一個性需求的宮位，因此習慣上我們在參看夫妻關係時也會把子女宮與疾厄宮列為參考範圍，**因為子女宮是需求的宮位而疾厄宮是能力的宮位**，因此需要分析相關宮位才能確定影響到夫妻關係的因素。

"舉個例子"

子女宮與疾惡宮

子女宮過於旺盛的情況下，而夫妻相處情況不佳之外，疾厄宮也無法配合（疾厄宮也是性能力的宮位），那確實夫妻生活整體分數就偏低。

子女宮與疾厄宮過於低落情況下，表示不只興趣缺缺還使不上力，原因很多。有可能工作過於忙碌，也有可能家庭的氣氛長期低迷而讓夫妻的生活產生不協調。

子女宮低落，而疾厄宮旺盛，這種組合是有能力但是沒興趣喔，那就導致對於這一件事情提不起興趣，英雄無用武之地。

2. 我該如何對付小孩？

唉啊，沒這麼多心眼啦！

透過子女宮就可以理解小孩的個性與小孩之間相處方式。所以，可以透過星盤的暗示，找到更容易輕鬆與小孩交流的方式。

在星盤中的子女宮已經說明你與子女之間的相處，那如果想要進行調整，可以真對星盤上的星星組合與架構來改善相處方式。

“舉個例子”

子女宮與星星特質

子女宮的星星如果過份強勢或剛毅，就會發現溝通與互動會呈現出難以溝通或有代溝現象，那我們可以多多運用星星特質。如果是武曲星、紫微星或天府星這種強勢星星，那這類的子女主觀意識都很強，個性很獨立、很有自己的想法與行事風格，所以不建議父母親過多的管教或是干涉，建議以朋友的方式多多分享、多多開導會讓雙方的溝通更加順利。

子女宮是機月同粱這種柔勢星星落入，就是天機星、天梁星、太陰星、天同星這一類的，如果沒有煞星進入的情況，小孩都算乖巧聽話。但是這類的子女宮也讓父母很傷腦筋，執行力比較差卻很有想法、個性比較浮動，每天都有新點子出現。這類的個性，父母講兩句可能就馬上擺出臭臉，不過個性很細膩。因此，你只要讓他／她知道父母親是關心的、是愛他／她的，再不願意的事，他／她都會去做喔。

3. *生男生女看這邊*

生男生女主要是女命為基準的，如果是頭一胎，在無任何人工干預的情況下的生產，參看女命的命宮是什麼星座的，**如果是南斗星系坐命宮的女生，頭胎生男。如果是北斗星系入命宮的，頭胎生女**。

那很多人就會問了，可是我是雙星坐命呢？我是日月同宮坐命宮呢？那就要看哪顆星旺、哪顆星弱了。

“舉個例子”

命宮破軍星獨坐在寅位的女生，破軍星屬於北斗星。因此就比較好判斷，頭胎生女。

命宮廉真星、天相星座落在午位，廉真星屬火而天相星屬水，而午位屬於火位。所以，在午位廉真星勝出（北斗星勝出），所以午位的廉相雙星投胎生女。如果在子位的廉相雙星則天相星勝出（南斗星勝出），因此投胎生男。

命宮紫微星、天府星座落在寅位！
這個算法會比較特殊，因為紫微星與天府星分別為南北斗星的帝王星，而且五行都是屬土，那怎麼區分呢？星盤有個特殊的區分，辰戌分界，戌到丑為北斗星的地盤，所以紫微星當王。而辰到酉為南斗星的地盤，所以天府星當王。因此，紫微星天府星寅位坐命的女生頭胎生女，而紫微星天府星申位坐命的女生頭胎生男。

命宮太陽星、太陰星同宮座落在丑宮、未宮的人呢？
這個也要分太陽與月亮的旺弱喔，以丑未為界線，寅宮到未宮是太陽旺、而申宮到丑宮太陰旺。因此，丑宮是太陰星旺因此頭胎生女。未宮日月同宮的女命則頭胎生男。

命宮
與子女宮

5 我有大富的命嗎？___財帛宮

財帛宮是一個很重要的宮位，除了親情與情感的圓滿之外，事業與財富也是一個人生中的追求重點，我相信一張命盤呈現在你眼前的時候，你最想知道的是「好不好命？」或者是「有沒有錢？」這類的問題。等到年紀漸長，想知道的問題就漸漸不一樣了。另外，標題寫的是「我有大富的命嗎？」而不是「我有大富大貴的命嗎？」是因為財帛宮就單純看財富而非看貴氣。

"財帛宮"代表什麼

財帛宮能看的細節很多，不是單純看富有程度而已，也看財運好壞，個性上是否節約或浪費，財源是否穩定，甚至是理財觀念與方法。還有一些很進階的部分，例如：與朋友之間是否有通財之義，或者遇到欠錢的情況會不會還錢？這些細節都是財帛宮的範圍喔。

來吧，開始來看看令人關心的財帛宮！

兄弟宮 巳	命宮 午	父母宮 未	福德宮 申
夫妻宮 辰			田宅宮 酉
子女宮 卯			官祿宮 戌
財帛宮 寅	疾厄宮 丑	遷移宮 子	僕役宮 亥

1. 我有大富的命嗎？

如果單純從財帛宮來判斷一個人有沒有大富的格局會不夠全面喔，通常需要看整張命盤的三方四正才知道是不是有先天的大富命格。但是，財帛宮好也會讓很多人羨慕的，畢竟一個宮位漂亮也是很吃香的，這也是一張命盤的基本盤的加分項目。

財帛宮漂亮也說明了你的賺錢能力很好，也就是財運是旺的。這什麼意思呢？就是你賺錢能力好所以要自己賺喔。不過，**論財運旺弱就免不了要參考到一個很重要的宮位 — 福德宮**。雖然財帛宮是運作的宮位，而福德宮是財源的象徵，這兩個位置匹配起來就可已決定財運的旺弱了。那麼，我們來進行匹配的動作吧。

"舉個例子"

財帛宮與福德宮

財帛宮旺、而福德宮旺→當然是大富之人！
本命盤有大富的條件，那就等待好的大運就可驅動。

財帛宮旺、而福德宮弱→能大富，但並非大作為之人！
財宮旺就說明你的賺錢能力很好，但是福份就稍差一點。

財帛宮弱、而福德宮旺→容易財來財去，存不住！
福氣很好卻容易過於重視享受。

財帛宮弱、而福德宮弱→這成為辛勤勞碌之人！
賺錢能力不佳而福氣也不佳，自然就比較辛苦勞碌。

所以，這兩個宮位有相輔相成的關係。

2. 我的理財觀念好不好？

很多學習紫微斗數的學習者都容易誤會，以為財帛宮漂亮就是會有很多錢，很有錢，是大富大貴的命格。

那麼你可能要失望了喔！其實跟你想的可能完全不一樣喔，財帛宮強弱的特徵是代表理財能力的強弱。因此，當你的財帛宮很強勢、很完美、很有資源的時候，代表著你對於理財的概念很強，甚至會運用一些理財工具讓自己獲益，或者在進行投資的時候會有自己獨特投資的眼光。

但是，這個人在哪個運程會有錢呢？能不能富有呢？就不是看命盤財帛宮這樣一個位置而已，需要看整個運程的團隊結構，所呈現出什麼樣的局勢？才能完整判斷。

“舉個例子”

財帛宮非常旺盛，這種人天生就是的理財高手！

很會善用各種投資工具來贏得一些被動收入，讓自己的財富藉由好的理財方式慢慢積累起來，甚至對於財務槓桿得心應手。

財帛宮不僅不漂亮而且還入了一顆煞星！

這一顆煞星不僅破壞了原本星盤主人的理財觀念之外，還會造成花錢大手大腳的現象。你身邊應該有這種人，平常其實很節儉，可是總有讓他／她突然間失心瘋似的花了大錢。

財帛宮與理財

3. *什麼？這也看小三？*

這種主題是不是有點敏感？財帛宮也代表著小三的位置。

但是，這也是有前提的喔，不然就一竿子打翻一船人了。這個前提在於這張星盤的主人是不是有桃花命格或者是桃花運喔，才能決定是不是有機會在哪個運程裏，會有桃花或女朋友。

當然，想要享受齊人之福，其實是有很高的條件的喔，還真不是隨隨便便就遇得上的，這個部分可以參考夫妻宮。所以，在討論會不會有小三之前，可要先確定一下是不是有這種福氣喔。

“舉個例子”

財帛宮與桃花運

財帛宮非常旺盛！
雖然令人開心，因為這一個運程肯定有錢賺，財運很好，當然桃花運也不少喔。難怪有人說，男生口袋不能有錢，這好像有點道理喔。

財帛宮特別不好，田宅宮卻很旺盛！
這也不是壞事喔，表示這個星盤的主人把錢都拿去置產了，所以時常捉襟見肘。因此，桃花也沒了（雖然這也是要看大運的命宮是不是走桃花運），因為交女朋友在現在這個社會還是要花錢的。

6 我的身體素質好不好？___疾厄宮

健康與否，這絕對是在我們一生中的大事情。有一句話說得好，人吃五穀雜糧，沒有不生病的。是的，因此要更要好好認識自己，如何善待自己的身體，這是一門相當重要的課題。

疾厄宮就是代表身體的宮位。疾厄宮學習當中，一直是很重要的學習重點。那疾厄宮又是代表什麼呢？能代表的可多了，可以瞭解星盤的主人是否健康、體質好不好之外、受到哪一種疾病的困擾、身體位置或哪個器官會比較弱與該器官的狀況、也透露出星盤個人性生活的能力。

另外，這個宮位也能清楚了解到你與長輩之間的互動，或是長輩的身體是否無恙，甚至是身體的哪個部位出狀況了呢？很細緻的喔……

“疾厄宮”代表什麼

疾厄宮主要看星盤主人的身體素質好不好，因此只要本命疾厄宮這一個宮位沒有不好的星星組合或煞星、忌星，當事人體質是不差的，就不用過分擔心身體的問題。那在行運有狀況時再注意細節就知道哪一個部位出問題了。

兄弟宮 巳	命宮 午	父母宮 未	福德宮 申
夫妻宮 辰			田宅宮 酉
子女宮 卯			官祿宮 戌
財帛宮 寅	疾厄宮 丑	遷移宮 子	僕役宮 亥

1. *星盤也能看出身體部位？*

這個部份特別有趣！在紫微斗數星盤的12個位置各代表著身體的各個部位，這個部份就需要與疾厄宮的星星做搭配。把星盤當做人的身體，這樣可以幫助記憶喔。

右手 巳	頭部 午	頸部 未	左手 申
胸部 辰			背部 酉
腹部 卯			腎 戌
右腳 寅	大腸直腸 丑	生殖器 子	左腳 亥

午位→頭部
未位→頸部
申位→左手
酉位→背部或心臟
戌位→腎臟與卵巢
亥位→左腳
子位→生殖器
丑位→大腸直腸
寅位→右腳
卯位→腹部
辰位→胸部
巳位→右手

這裡知道了每個位置之後就可以分析了：

“舉個例子”

行運午位化忌而子位煞星進入！
這就成為一組的煞忌！因此，在這個運程中頭部與生殖器這兩個位置就有隱憂了。

行運丑位進入了一對煞忌！
那麼大腸直腸的位置就有很大的隱憂，另外，頸椎的位置也要特別注意。實務的預防就要注意便秘與痔瘡的發生，當然頸椎也容易異常那就要特別注意姿勢。

疾厄宮
與行運煞星

2. 哇！還可以看性能力？

有時候，夫妻間性事不協調的問題很多，有可能是雙方溝通處於失衡的狀態、也有可能兩個人的行運不一致而導致衝突、還有就是夫妻間性生活的需求或者能力無法配合。因此，進行夫妻感情分析時要把相關的宮位與細節一同參考進去。

還記得在前面我們討論過子女宮是代表著性需求的宮位嗎？

而這個疾厄宮是探討性能力的，主宰著性能力的強弱，所以這兩個宮位需要放在一起參考才能分析出星盤主人的狀態。將這兩個宮位的強弱組合一起探討下，才能知道問題所在。

這裡簡單一點，將「需求」與「能力」一起進行分析，因此，將子女宮與疾厄宮進行「超級比一比」。

"舉個例子"

疾厄宮、子女宮與官祿宮

子女宮弱勢，疾厄宮強勢！
→性需求弱，這時候性能力強也用不上了。

子女宮與疾厄宮均強勢，但是配偶卻呈現子女宮弱勢！
→性需求弱與性能力都好，但是，配偶卻興趣缺缺。英雄無用武之地了。

官祿宮化祿，子女宮強勢，疾厄宮弱勢！
→這代表當事人性需求強，但是性能力弱。原因有可能來自於事業繁忙而導致，因此是心有餘而力不足。

3. 一眼參透父母的健康

這個疾厄宮位也會直接影響到父母宮，所以也決定著星盤主人與父母親、長輩的互動相處關係。也會展現出下面這幾種狀況，是不是與父母有溝通不良的狀況、或者與父母有聚少離多的現象、有代溝，話不投機半句多的狀況、或者父母親身體微恙。

"舉個例子"

疾厄宮進入一組煞星與化忌星！ 這就直接影響到父母宮了。 如果這是發生在星盤主人中年的時期，這時父母親已經是银髮族了，那父母親的身體狀況就會需要注意。另外，與父母親的關係也是話不投機半句多，那就會引發當事人覺得還是少見面吧，因此也容易與父母親聚少離多喔。	疾厄宮與煞星與化忌星
行運中疾厄宮有四化星或祿星進入！ 任何一個煞星進入當然會有影響，其實四化星或祿星也會有影響的。如果父母宮與疾厄宮這兩個宮位進入了化祿與祿存。這兩個祿星引力重重，所以這個行運就需要關心父母親的身體狀態了。	疾厄宮與四化星或祿星

7 小人多不多？車關？＿遷移宮

我們一出生下來好像就進入了一個地球村的概念，雖然我們是一顆螺絲釘，但是也是一個眾多效應中的一個環節。不管身份為何？不管地處何處？不管你是不是宅男宅女？都與周遭的一切事物緊緊相連。因此，在現今的社會裏，遷移宮就特別重要，**遷移宮就是外出的宮位，也就是人際關係的位置**。

當遷移宮好的時候，是很有機會外出遇到貴人，對接案子特別順利、出外時可以開心玩而不會有水土不服的現象、手機使用很順暢，不會有狀況出現、交通上也會特別順利，不會有班機誤點或延誤，感覺就很順利。

相反的，當遷移宮的星星組合若出現很不好的組合，汽車機車需要維修、坐火車搭飛機時常遇到誤點、外在的人際關係出現口舌是非、出門迷路或者手機遺失。

這麼多需要注意的事，這樣說起來，遷移宮又是一個不可忽略的宮位了。

“遷移宮”代表什麼

遷移宮就是一個外出與人際關係的宮位。因此這個宮位可以代表人際關係、出外的交通工具、通訊用品（手機）、外出平安與否、當事人的隱藏個性與情緒狀態、外出是不是有貴人相助，甚至是外出的環境適應力。

兄弟宮 巳	命宮 午	父母宮 未	福德宮 申
夫妻宮 辰			田宅宮 酉
子女宮 卯			官祿宮 戌
財帛宮 寅	疾厄宮 丑	遷移宮 子	僕役宮 亥

1. 我的小人、是非多不多？

小人與是非，其實就是針對人際關係的順遂與否的另一個象徵。

遷移宮就是人際關係與外出的宮位。為什麼代表人際關係呢？如果星盤的主人非常不想要外出，我們就要探討一下為什麼了，有可能遭受到朋友奚落？是不是在學校有霸凌的事件發生？或者在朋友間有是非發生？因為在外出的位置受到了很大的挫折了，因此遷移宮就是一個人際關係的指標。

所以，當某一年你的遷移宮出現不好的組合，要特別注意是不是有犯小人了，所謂的犯小人就是在交際圈所發生的是非，這會影響生活之外也很容易破壞個人名譽，因此要特別防範。

“舉個例子”

人際關係多是非、時常犯小人！
不管是本命盤或大運流年，如果遷移宮不好，就要特別注意人際關係蒙上一層隱憂了。很有機會與朋友的相處有了是非與爭執。

人際關係貴人多、有好名聲！
遷移宮出現了化科星並且沒有不好的組合影響，這表示你有機會獲得很好的名聲或者是在某個領域裏面得獎，甚至是遇到好的貴人幫忙提攜。因此，在這樣的流年裏，外出都是很順利的。

遷移宮
+化科星

2. *我外出會有車關嗎？我撞人？別人撞我？*

這個幾乎是人人重視的主題，尤其是在年末時，就會特別關心到來年的外出狀況是否一切平安順利。

遷移宮代表著外出所發生的意外，小到走路跌倒，大到山難、車禍、外出意外狀況、與陌生人有口角、游泳溺水等等，這些都是遷移宮的範圍。因此，如果流年的遷移宮特別不好，就要注意外災禍。

"舉個例子"

遷移宮有空星，方向感特別差！ 本命盤的遷移宮有空星（指地空或截空），那也代表這個人其實方向感不大好，記路的能力也特別差，因此外出時很容易迷路的。如果，你跟一個遷移宮有空星的人一起出門，記得擔當起 GPS 的功用。	遷移宮 + 空星
遷移宮流年組合不佳的情況，要注意車關！ 遷移宮在流年組合不佳的情況，如果是自己時常開車外出的人就要注意這一年很有可能會發生車禍，至於是別人來撞你或是你去撞別人，這個需要將流年與小限進行分析了。	遷移宮 與流年

3. 遷移宮也代表隱藏個性？

每個人都有屬於自己的隱藏個性，這邊說的隱藏個性是那種平時不展露出來的，在緊急的狀況下才會透露出來的個性。俗語說「酒後看人品」，其實這個時候就是看隱藏個性了，也就是暗藏的性格。或者是當與朋友有了利益衝突之後反應出來的個性才是隱藏不住的個性，或者是暴怒下所激發出來的行為，或者可以說是情緒控管的能力。

“舉個例子”

當事人情緒控管有問題！

本命盤的遷移宮組合特別不好，那就說明這個人的EQ情緒控管能力是不佳的。很容易一句話聽起來不舒服就暴怒或者在喝醉酒時的酒品特別不好。如果你有個遷移宮煞忌的男朋友，你可以觀察一下他是在什麼情況下會展現出情緒控管不佳的現象，不過，注意安全！（@ _ @ |||）

人際關係是非多！

本命盤的遷移宮組合特別不好，你會發現這個朋友常常在朋友群裏面一言不合就吵起來了。遷移宮不好的人很吃虧的，明明什麼都沒做，朋友就是容易對他／她特別有意見。

遷移宮
與人際關係

4. 什麼時候會換車？換手機？

什麼？手機？車？這個也看遷移宮嗎？太有意思了……

是的，交通與通訊都是遷移宮的範圍。交通工具→機車、腳踏車、汽車、貨車，甚至是出門搭公車、坐火車、搭飛機也是遷移宮的範圍。

通訊器材→手機、寬頻、家用電話都是通訊用品。所以這裏可以清楚的看到你什麼時候想換車或想換手機喔。

"舉個例子"

換車、換手機的時間點來了！ 假如遷移宮化祿，而財帛宮化忌，因為遷移宮化祿就有買車或買手機的強烈動機，那是要花大錢還是花小錢就要仔細推敲了。	遷移宮 與財帛宮
外出時常發生水土不服的現象！ 遷移宮有煞星，田宅宮化祿星，因為田宅有動態所以想出門去走走，但是因為遷移宮不好就容易有水土不服的問題或者手機出問題之類的小插曲發生。	遷移宮 與田宅宮
修車的時間點！ 假如遷移宮＋煞星（擎羊），今年你會為了交通工具花錢或進行維修。因為遷移宮也代表交通工具的位置，所以你會想要改車或者維修車子的某部分喔。	遷移宮 ＋擎羊星

8 與姊妹該如何相處？___僕役宮

每個人都需要朋友，成語是這麼說的：「近朱者赤，近墨者黑。」這也說明朋友的重要性，而紫微斗數中代表朋友的宮位就是兄弟宮與僕役宮。所以如果能夠結交到益友來幫忙，對自己在各方面一定是會有提升。

僕役宮就是姊妹的位置，可以看出當事人與姊妹之間的感情好不好？緣份深不深？當事人與姊妹之間的感情好不好？緣份深不深？除此之外，也可以藉由這樣的宮位瞭解到工作職場的人緣、公司的同事，也能代表朋友之間的相處狀況，人際方面的資源、支援是否豐富。另外，這個位置也能瞭解到合夥人的狀況，或者是否應該合夥，您可以透過種種星盤的組合來幫您做決策與分析。

兄弟宮 巳	命宮 午	父母宮 未	福德宮 申
夫妻宮 辰			田宅宮 酉
子女宮 卯			官祿宮 戌
財帛宮 寅	疾厄宮 丑	遷移宮 子	僕役宮 亥

"僕役宮"代表什麼

還記得兄弟宮嗎？兄弟宮是代表兄弟、手足的位置，而僕役宮也代表著姊妹的位置，因此可以很清楚的看到當事人與姊妹之間的感情好不好？緣份深不深？還有，公司的同事、朋友之間的相處狀況、與屬下的互動，甚至是公司的合夥人。

1. 與姊妹該如何相處？

僕役宮也代表著姊妹與星盤當事人的相處關係。所以如果是好的星座組合，成長過程中與姊妹之間會相互提攜並且互相照顧。

但是若是不好的星座組合，那麼在成長過程中與姊妹之間容易漸行漸遠之外，還很容易拖累當事人。

“舉個例子”

僕役宮
與姐妹緣份

姐妹緣份淡薄，各奔前程。
假如你的僕役宮是弱陷的太陽星，這代表你與姊妹之間緣份不深。當事人與姊妹之間，從小就各奔前程了，沒有辦法在一起互相提攜或相互支持，甚至連聯繫都不多。

姐妹緣份淡薄，日漸疏離。
假如你的僕役宮是巨門星與煞星在僕役宮，這樣的僕役宮不能言吉。隨著時間與年紀增長與姊妹的感情會漸漸疏離，並且平常很難有交流與溝通。

姐妹之間有情，互相提攜。
假如僕役宮是太陰星在亥位，這樣的僕役宮是很好的組合。不僅對家人重視而且還相當有情，這樣的姐妹會很重視成長過程的陪伴。

姐妹能力強，主觀意識重。
假如僕役宮是紫微星天府星與祿存星在寅位，這樣的僕役宮是很好的組合。缺點就是很強勢，但是這樣的姐妹能力很強還會對家裡有幫助。

2. 我與朋友、同事、屬下相處的好嗎？

僕役宮也代表朋友、同事、屬下之間的互動關係與相處融洽與否。

假設星盤的主人，命宮是強勢的星星，那麼僕役宮如果相對弱，這就說明你是一個比較不容易受朋友的影響或左右的人，你能夠堅持己見並且有執行力。但是如果僕役宮組合太差是有被朋友拖累的隱憂或者同事、屬下的能力或執行力比較差。

相反的，假設星盤的主人的命宮是弱勢星星，那麼僕役宮如果相對的強，這就說明你比較容易受到朋友的影響或左右，但是朋友的能力與執行力也都不錯。如果僕役宮組合特別好也有可能受到來自朋友的幫助。

"舉個例子"

朋友、同事個個比你更強勢

假如僕役宮是很強勢的。以紫微星破軍星為例子，這代表你的朋友同事個個比你更強勢，因此你要左右他們的想法難度就比較高，相反的你容易受到他們的影響。

屬下主觀意識特別重

如果僕役宮是紫微星破軍星，主觀意識特別重，你要帶領這一群人難度就高了。

朋友個性好相處，性子樂觀

假如僕役宮是很柔順的。以天同星為例子，這代表你的朋友個性好相處，性子樂觀。因此你可以輕鬆的說服他們的想法，相反的你會覺得朋友的執行力都偏弱。

屬下能力與執行力較弱

如果僕役宮是天同星，如果是屬下，代表屬下性情柔順與執行力相對弱，這個時候你最厲害了，那你就會特別辛苦。

僕役宮
與人緣關係

3. 什麼？會影響到我的事業？

一個事業的成敗，取決於團隊的強度。只有老闆一個人能力強也會孤掌難鳴的，因此，兄弟宮與僕役宮的好壞就相對的重要。

就以一個老闆的角度來看，如果兄弟宮與僕役宮都很好是最好的，你有一票能力強、執行力高的朋友與屬下能夠幫你落地執行。相反的，如果這一條線組合很不好，那便說明你自己能力最厲害了，身邊的朋友與團隊都沒能使上力，幫助不大。

"舉個例子"

創業有幫手就如虎添翼

某個行運的官祿宮有創業的組合，而僕役宮也有良好的組合。在這個情況下創業對你就相對輕鬆了，因為你有得力的事業助手與工作夥伴，所以你就有三頭六臂啦，自然是事半功倍。

創業沒有幫手事倍功半

某個行運的官祿宮有創業的組合，而僕役宮組合糟糕的情況下。在這個情況下創業對你就辛苦了，因為你自己能力了得卻找不到得力的事業助手與工作夥伴，所以自然是事倍功半了。

僕役宮
與官祿宮

9 我適合創業嗎？＿官祿宮

「男怕入錯行，女怕嫁錯郎」其實不管男女都怕入錯行，因為工作與事業在人生過程中是非常重要的一環，雖然最理想的狀態是在學生時期就開始訂立人生規劃與事業目標，但是在人生過程中確實很難只會從事一個行業。因此，可以透過星盤的組合來做進一步的瞭解。

官祿宮這個位置就是看工作與事業的重要宮位，這個位置能看出事業的成敗優劣、工作上順利與否、與上司的溝通狀態、也能瞭解您適合什麼樣的工作。另外，是不是會轉行？是不是能升遷？工作事業是不是會造成感情的問題或者聚少離多的現象？是的，這些都是官祿宮的範圍喔。

兄弟宮 巳	命宮 午	父母宮 未	福德宮 申
夫妻宮 辰			田宅宮 酉
子女宮 卯			官祿宮 戌
財帛宮 寅	疾厄宮 丑	遷移宮 子	僕役宮 亥

“官祿宮”代表什麼

官祿宮代表的範圍很多，舉凡與工作事業有關的都是官祿宮的範圍。可以看工作順利與否、與上司的溝通與相處、辦公室的位置、適合什麼樣的行業，甚至合夥人數的多寡都是這個位置。

1. *我能當老闆嗎？*

這個問題通常會是眾多問題的第一名，只要有華人的地方就非常重視能不能當老闆這一件事情。最關心的莫過於父母親了，一開口就會問：

問題一「**我兒子有沒有當老闆的命？**」
問題二「**什麼時候可以結婚？**」
問題三「**他的健康有沒有什麼狀況？**」

望子成龍，望女成鳳，這是所有父母親的心願。

其實不管是怎麼樣的命格都有機會當老闆的，只要在行運的官祿宮有一些動態的組合，星盤的當事人就會想創業的。相反的，行運的官祿宮沒有動態，當事人就沒有想創業的動機。

"舉個例子"

行運中有創業的跡象
在行運的官祿宮有進祿存星或化祿星，這已經說明當事人想創業了喔，那至於能不能成功就需要參考很多因素了。記得前面的僕役宮嗎？這是其中一個因素，僕役宮是不是好的組合？創業的過程中幫手多不多？好不好？

行運中有創業的跡象，但是會遭受挫折
在行運的官祿宮有進化祿星與化忌星，這樣創業過程就多了非常多的阻礙喔，這已經意謂著這個行運中很多項目進行不順必須整頓處理。然後又有新項目不斷的開展。因此，結果會不會盡如人意就要看當事人的命格再來決定喔。

官祿宮
與創業運

2. *我的上司是怎麼樣的人？*

跟對好的上司或老闆，能夠加持事業才會順風順水。如果跟錯了上司，恐怕是每天都要提心吊膽的怕連飯碗都不保。可見上司的重要性。官祿宮也看與上司或老闆的互動相處與升遷。因此如果官祿宮組合良好或化祿等輔星加持，除了與上司溝通愉快之外，還有可能因位上司的信賴而加快了升遷的腳步喔。

相反的，如果遇到官祿宮星星組合不良，除了與上司溝通不良之外，也有可能會有空降過來的上司能力不佳，或未能順利領導團隊的可能性。當然也有可能在崗位上遭受挫折而心生異動或離職的想法出現。

"舉個例子"

上司或老闆對你要求頗高，讓你壓力大
官祿宮進入了一個煞星──擎羊。看起來，你的上司對你要求不少讓你工作上面臨很大的壓力了。但是還不至於想離職。只是覺得壓力大心情不輕鬆。

上司或老闆是你的貴人
官祿宮進入了化科星又沒有其他不好的星星干擾。這時候你的上司就是你的貴人了，不僅溝通輕鬆還會時常幫你，讓你工作相當愉快，甚至能在工作上取的佳績。

3. 我怎麼選擇行業？

官祿宮代表事業，但是如果要想瞭解星盤的主人應該會從事什麼行業，還是要先從命宮的三方四正的星星開始著手分析，來當做選擇行業的標準，而行運的官祿宮則用來判斷事業進行的順利與否。因此，通常選擇行業會先以命宮為主，再以官祿宮與財帛宮為參考方向。

"舉個例子"

命宮的三方四正就是行業的選擇方向

命宮廉真星坐命，三方四正有武曲星與紫微星、天府星

→選擇行業以新媒體、電商，金融財務，金屬行業為選擇方向。

→廉真星就是電子商務、新媒體的代表，而武曲星就代表金屬與金融行業，紫微星、天府星代表創意與財務金融。

命宮天機星坐命，三方四正有天同星

→選擇行業以投資投顧業、運輸業、門市為選擇方向。

→天機星就是投資投顧業、運輸業的代表，而天同星就代表門市行業。

命宮太陰星坐命，三方四正有天機星與天同星、天梁星

→選擇行業以才藝創作、不動產行業、醫藥業、投顧業、運輸業、門市行業為選擇方向。

→太陰星就是才藝創作、不動產行業的代表，而天機星投資投顧業、運輸業的代表，天同星、天梁星就代表醫藥業、門市行業。

命宮、財帛宮與官祿宮

10 我適合投資不動產嗎？___田宅宮

田宅宮就是家的概念。家，是一個如此溫暖的字眼，不管富貴，不管好壞，每個人都對「家」有很多的期待。俗話說：「金窩銀窩不如自己的狗窩」。

「家」是避風港、是一個受傷可以回的地方。因此，田宅宮就顯現出重要了。田宅宮不單純是展現出從小居住的環境與狀況之外，更是您的宅運與庫位的代表。這是什麼意思呢？宅運就是家運，代表家中成員的狀態，如果宅運不好，有可能家裡的成員很容易有一些小狀況，例如：家中成員常常輪流感冒、大小事情不停發生或者爭吵不斷。

兄弟宮 巳	命宮 午	父母宮 未	福德宮 申
夫妻宮 辰			田宅宮 酉
子女宮 卯			官祿宮 戌
財帛宮 寅	疾厄宮 丑	遷移宮 子	僕役宮 亥

“田宅宮”代表什麼

田宅宮為什麼是庫位呢？庫位穩定，這張星盤的主人就更容易存錢，甚至買不動產。如果庫位不穩定，有可能會時常搬家，或者家裡常常需要修繕，財來財去存錢不易。因此，一個人的庫位穩定，家運好就是一個好的運程了。

1. 我適合投資不動產嗎？

這也是一個很熱門的話題。

華人地區對於不動產的喜好一直是所有投資的第一標的。其實，適不適合投資不動產通常要看大運。如果大運的田宅宮動態很多，那命盤的當事人一定會採取行動的。這裡所說的動態以大運的四化為主，其中又以化忌星、化祿星、化權星與祿存星的引力較大。而化科星通常是想而已，不一定會行動。

"舉個例子"

什麼是一個會存錢的大運呢？ 大運的運程基礎條件佳，而田宅宮有化祿星或祿存星進入。 →這種情形通常是想購置不動產了，而且手上現金也充裕。	大運佳 田宅宮佳
想要購置不動產 大運的運程基礎條件佳，而子女宮有化忌星進入。 →這種情形通常是想購置不動產了，但是手上現金不足，強行購買壓力不小。	子女宮 +化忌星
為了買房子而喪失生活品質 田宅宮有祿星，而財帛宮卻有壓力。 →這種情形通常是當事人把錢都拿去買不動產了，因此常常覺得因為付了房貸就成了月光族。	田宅宮 與財帛宮

2. 什麼？我的財庫破了？

這裡來說一下大家最關心的「庫位」，什麼是「庫位」呢？

就是金錢的保險箱，也就是藏財的地方。我們來思考一下如果錢很多的時候會放在哪裡呢？有些人會放在股票債券，有些人會放在珠寶古董，因為我們中國人有「有土斯有財」的觀念，因此會放在土地與房產的人很多，因此就是田宅宮的概念，所以引申為「庫位」。

所以，當發生「庫破」時，情況就會比「財破」的情形更加嚴重。因為「財破」是手上現金的概念，而「庫破」就危險了，常常不僅會讓手中金錢瞬間感到嚴重短缺之外，必要的時候還需要變賣資產。

"舉個例子"

田宅宮與財帛宮

大運的財運雖然不好，卻很能存錢

如果田宅宮佳，而財帛宮不佳。因為田宅宮組合好，代表「庫位」是很強的。因此，存錢的動機更強了，或者當事人把錢都拿去買不動產了。

大運的財運好，卻財來財去存不下來

如果財帛宮佳，而田宅宮不佳。雖然財宮組合很好，代表是有錢賺的。但是「庫位」不穩很難存錢。因此，財來財去情形嚴重，或者家中成員狀況特別多，容易存不住錢。

3. 家運不好？什麼意思？

田宅宮也代表宅運，而宅運就是家運。

因此，在這個層面上就不喜歡太過變動，也不喜歡不良的組合或星星進入。

家運可以展現出很多型態，例如：家中成員的健康狀態、家中成員所衍生的是非與口角、家裡的修繕或敲敲打打、搬家異動、家中的意外狀況、或者是家裡周遭的修繕與干擾。

“舉個例子”

家裡東維修西維修的流年

田宅宮如果在流年進入了煞星，這種情形通常是家裡需要維修了喔，在這一年裡面家裡會東修修西修修。一下是冷氣壞了，一下是洗衣機壞了，讓你清閒不了。

容易發生火災的結構

當流年的田宅宮中有火星與天機星、化忌星來引動。

→這個例子比較特殊，因為天機星屬木與火星同宮，如果又流年引動天機星化忌。因此，今年就有火災的條件成立，有這種組合要特別小心。

田宅宮與家宅安全

田宅宮的左右兩宮有煞星相夾

田宅宮的左右兩宮就代表家裡的周圍，因此今年住宅周遭維修的次數很多。例如：附近有蓋大樓或者是修馬路之類的，讓居住的人感到困擾。

田宅宮夾宮

11 我賺錢輕鬆嗎？___福德宮

一樣米養百樣人，有些人喜歡工作所帶來的成就感，有些人覺得有錢就是福，不想要辛苦賺錢，有些人覺得錢多錢少是一回事，生活要舒服輕鬆。因此，**福德宮代表著心情的輕鬆程度，或者是說精神享福的位置**。舉例說：你在心情不好的時候總想一個人靜一靜，或者是你覺得應該好好的去玩一玩心情才會開心，甚至有些人覺得要買買東西才會快樂，說明您對錢財是不是有享受的福氣，這些都跟你的福德宮有關喔。

另外，**福德宮也決定你在年紀大的時候是不是能享福**？

福德宮也代表祖父母的位置，祖父母的身體狀況。也代表著你的財富的來源是否豐富，因為福德宮就是來財之源。所以，如果行運中的福德宮星星組合特別好，你的大運賺錢這件事情就特別輕鬆。

兄弟宮 巳	命宮 午	父母宮 未	福德宮 申
夫妻宮 辰			田宅宮 酉
子女宮 卯			官祿宮 戌
財帛宮 寅	疾厄宮 丑	遷移宮 子	僕役宮 亥

“福德宮”代表什麼

福德宮代表著你的精神思想與老年享福的富足程度，也代表祖父母的位置，祖父母的身體狀況，如果你的福德宮組合很好也代表你賺錢會特別輕鬆。

1. 我賺錢輕鬆嗎？

福德宮這個宮位好比起財帛宮好，在賺錢的輕鬆度上會更輕鬆喔。

因為福德宮就是「來財之源」，什麼是來財之源呢？就是錢的來源。所以福德宮星星組合好，賺錢才會輕鬆。因為錢財的來源更多樣也更豐富，才會賺錢輕鬆。

"舉個例子"

什麼樣的運程可以有更多的被動收入

福德宮進去了化祿星。

→一個是你開始去思考想要讓賺錢這件事更有方法。

→另一個是你在這個行運裡面，有一些被動收入，例如：股票股利分配或租金收入。

什麼樣的運程會讓自己花錯錢

福德宮進去了化忌星，你在這個行運裡面壓力特別大，因此你會想要花錢來讓自己開心。當然這種花費有可能都不是需要花的錢。

什麼樣的運可以賺錢更輕鬆

福德宮在某個行運中星星組合特別好。如果在當事人的壯年自然可以代表是賺錢輕鬆外，財運也特別好。反映到現實例子中，當事人已經累積了一些被動收入的方法，雖然錢財可能不是特別大筆卻很多樣或多種來源。

2. 我的晚年能不能享福啊？

人的一生好像不知不覺就忙碌了一輩子，我們對於老年的時候總有很多想法。總希望辛苦打拼了一輩子，到老的時候可以輕鬆過日子，但是，是不是能如願呢？

好像不是那麼容易！是不是會操勞？是不是會辛苦？是不是可以含飴弄孫？是不是可以安享晚年？這些都是福德宮的範圍喔，因此福德宮也代表我們晚年的福份與精神生活的富足程度。

一個人的物質享受程度可以參考財帛宮，而一個人的精神享受程度就要看福德宮了。這是什麼意思呢？假如你的福德宮好，你的心情狀態就會比較穩定，精神上的富足程度比較高，可以享受更多單純的快樂。簡單的說呢，就是凡事看的比較開，可以樂天知命，可以安穩過日子。

"舉個例子"

福德宮與晚年關係

什麼樣的福德宮，讓你停不下來

你的福德宮星星過於強勢了，你可能在人生當中汲汲營營，忙碌過日子，就算你想輕鬆都很難，你可能有遠大的抱負與理想，每天在思索著事業的進展或者錢的事情，人生積極有目標，永遠不會給自己時間停下腳步歇息。

什麼樣的福德宮，讓你可以安享晚年

你的福德宮是一顆享福的星星，在福德宮最好了。例如：天同星。表示你的晚年沒這麼多追求，想要輕輕鬆鬆過日子。每天可以出門運動爬爬山，煮兩樣好吃的下酒菜跟朋友閒話家常就超完美的。

3. 我與祖父母緣份深淺？

紫微斗數上有十二個宮位，其中包含了與我們一生中息息相關的六親的宮位，父母宮代表父母，兄弟宮代表兄弟與朋友，僕役宮代表朋友與姊妹，子女宮代表子女與寵物，而福德宮就代表著祖父母的位置，因為當行運有組合不好的星星進入福德宮的時候，祖父母的福基就會比較弱，會有運勢不佳或身體不佳的情況發生。當然，如果有太好的星星組合也不代表沒事喔，這個部份需要仔細推敲。

"舉個例子"

福德宮
與祖父母

什麼樣的福德宮，讓你與祖父母特別有緣

這個要考慮到當事人的年紀喔，在童年的時候福德宮化祿星或化權星進入，就很有機會給祖父母扶養。因為對於小孩來說，祖父母在童年時就是當事人的生活重心，所以化祿星或化權星進入是很正常的情況。

什麼樣的福德宮，祖父母身體微恙

福德宮在某個行運中有煞星進入，如果是在星盤當事人的第二個行運或第三個行運，除了可以表示當事人這個行運壓力比較大之外，也代表祖父母的身體有可能有狀況，可以細推是哪個身體的部分出狀況而加以預防。

12 我與父母的緣份？___父母宮

父母的愛是全天下最無私、最真的愛，沒有參雜一絲絲的私利成份，這種單純無私的愛，也只有父母能做得到了。因此**父母宮就是說明您父母之間的緣份、與父母親相處之間的狀態、與父母親溝通有沒有代溝？是不是有長輩的一些資源？**

另外，**父母宮也代表了父母官**，父母官這種說法會比較傳統。在以前的傳統社會裡普遍認為地方父母官就是警察或者是法官，這一種象徵司法身份的政府機構。

也是因為這樣，父母宮也代表了官司訴訟之類的事件。因此在父母宮有好的組合也象徵著有機會得到政府的資源或者補助。那如果父母宮組合不好的情況，小到開車違規罰單，大到官司訴訟事件都是父母宮的範圍。

兄弟宮 巳	命宮 午	父母宮 未	福德宮 申
夫妻宮 辰			田宅宮 酉
子女宮 卯			官祿宮 戌
財帛宮 寅	疾厄宮 丑	遷移宮 子	僕役宮 亥

“父母宮”代表什麼

父母宮代表著你與父母親的緣分、也代表你與長輩的互動、父母親與你的身體狀況、交通罰單或滯納金、甚至官司訴訟發生的可能性、或者是政府的資源，這些都是父母宮的範圍。

1. *我與父母、長輩的緣份好不好？*

父母宮裏面的星星組合是說明你與父母之間的關係好壞的重要參考因素，如果在宮位裏面有吉星或者柔和的星座，那就表示你們的相處是比較融洽或者好溝通，甚至可以像朋友一樣。

如果父母宮裏有一些組合結構不好的星星，那有可能緣份比較淡，無法溝通、或者有代溝、或是小時候父母就沒有陪伴在身邊，也有可能小時候調皮常常挨揍之類的狀況。如果父母宮裏有一些組合好的星星，長輩就會對你疼愛有加喔。

"舉個例子"

我與父母親有代溝嗎？

天相星坐命的星盤，父母宮天機星、天梁星雙星。

父母宮基本架構是不差，其對待關係應該是相當平和，但是因為天機星與天梁星皆為柔和星性，則不宜再進入煞星。煞星一進入，星盤的主人雖然也是一個很好溝通的人，但是在與父母親的溝通上就會特別挫折。

小時候會不會常挨揍？

某個星盤的主人，本命盤的父母宮有煞星進入。這個表示當事人小時候，童年的時候，很容易被挨揍喔。

童年與父母的緣份深淺

本命盤的父母宮有空星（截空與地空）進入。

這個表示當事人小時候，父親可能因為工作或其他的原因而聚少離多。如果又有四化引動，很可能父母親的婚姻就出問題了。因此，父母宮也代表與長輩或父母的緣分。

父母宮
與長輩緣

2. 父母親的婚姻狀況

父母宮也能看父母親的婚姻狀況，因為父母宮也跟兄弟宮有異曲同工之妙，父母宮是可以清楚看出父母親的婚姻是否諧調？是否爭吵不休？或者有其他桃花介入，是可以在星盤上的父母宮瞧見端倪的。

"舉個例子"

父母宮
與爸媽關係

我的爸爸桃花多嗎？

這時候要同時滿足兩個條件才算喔。第一是父母宮進入桃花星，而兄弟宮有四化引動。如果某個行運兄弟宮多了桃花星，如文昌星、文曲星、天魁星、天鉞星，或者兄弟宮有化祿、化權。那就說明父親有桃花了。因為兄弟宮也可以代表母親的位置，因此化祿、化權就有緣分增加的狀況出現。

我的爸媽為什麼時常吵架？

行運中的父母宮有煞星進入，而兄弟宮有化忌星。

這個行運父母親的婚姻狀況很不和諧，兩個人很不對盤講話就會吵架，所以不如不溝通，因此不僅父母宮有狀況也連帶的兄弟宮也出現了化忌星。

3. 什麼？這也代表官司？

父母宮除了代表與長輩之間的關係之外，也代表著父母官喔，那為什麼是父母官？這裏需要解釋一下，只要是關於政府機構的部份，不管是哪個層級的都通稱之為父母官的範疇，這範圍其實很廣的，舉凡派出所、法院、政府單位都算喔。因此，只要流年有不好的星星進入父母宮，小到交通罰單，大到跑法院訴訟都有可能，因此要與基本命格、行運一起參看，才會有精準的判斷。

"舉個例子"

我今年會有罰單與官司嗎？

星盤流年引動了四化，父母宮有煞星與化忌星進入。

這一種情況就具備了引動父母官的要件了，因此今年要特別注意罰款或者是官司的產生，至於事情是否嚴重就要看大運的父母宮組合好不好了。如果不好，流年引動就會嚴重。如果組合良好基本上就沒什麼事情，甚至還有好處呢。

我今年保單會解約嗎？

星盤父母宮的組合不好之外，還是要仔細推敲是連動了哪個部粉的問題才可以精確的判斷出事情發展的方向。例如：天相星化忌在父母宮，那起因就是有價證券，那是因為天相星代表有價證券。

父母宮
的其他影響

13 我的後天運？___身宮

身宮也是命格的組合之一，所以也代表這張星盤的主人個性會受到身宮很大的影響。身宮代表著40歲以後的運勢，所以當年紀漸長，後天的運勢影響會日益漸強，這時候就要重視身宮。所以，寧願身宮比命宮好，那麼隨著年紀增長也會愈來愈順利，不若年輕時那樣辛苦。

身宮通常會在命宮、夫妻宮、財帛宮、遷移宮、官祿宮與福德宮這六個宮位中的一個。身宮的落點代表你重視的事情，如果落入夫妻宮代表你重視另一半、如果落入遷移宮就代表你覺得人際關係很重要、如果落入官祿宮就代表事業是你的人生重心。

兄弟宮 巳	命宮 午	父母宮 未	福德宮 申
夫妻宮 辰			田宅宮 酉
子女宮 卯			官祿宮 戌
財帛宮 寅	疾厄宮 丑	遷移宮 子	僕役宮 亥

“身宮”代表什麼

身宮代表著你的後天運，也代表你的格局高低，還代表你重視的事情。如果身宮的落點是好的，這就表示你的晚年會愈來愈輕鬆之外，也代表你的格局有所提高。

1. 我的後天運？

身宮代表中年之後的個性、運勢，一般來說指 40 歲或 45 歲之後的後天運勢。身宮因為是代表後天運勢，意思是過了這個年歲之後，身宮就會開始發揮其作用，這時候身宮的引力變強就會開始主宰後天運勢。

"舉個例子"

身宮
影響晚年運勢

身宮好代表人生路途會漸入佳境

那麼，寧願身宮比命宮好，也不希望身宮不好，對吧？因為如果身宮比命宮好就代表人生過程會漸入佳境。
是的，這就是老人家常常說的「走老運」，晚年好命的概念。只是現在的晚年沒有想像中這麼晚，通常是指 40 歲、50 歲之後才開始漸入佳境的意思。

身宮不好代表人生路途會漸走下坡

但是相反的，如果身宮很不好基本上確實有隱憂，表示晚年的生活會有缺憾，不一定是沒錢喔。多半是身邊沒另一半的陪伴，到老了還放不下事業或者是小孩長年不在身邊都是一種不得享受的象徵。

2. *什麼是命格高低？*

還有印象嗎？**命格＝命宮的三方四正＋身宮**。

因此，身宮的落點也直接影響到命格的組合份子。有時候身宮的組合好或者不好，都會讓整個星盤的走向就會傾斜，讓命盤架構出現完全不同的走向。

“舉個例子”

命宮與身宮

命宮＋身宮，組合不好而成立不好的格局
某個星盤的主人是廉真星坐命的而身宮武曲。如果不巧，輔助星或四化分布的不好就會成為財與囚仇的格局。命格出現不好的格局就會造成當事人觀念上或行事風格有所偏差。

命宮＋身宮，組合雖沒有不好，但性格轉為孤高
某個星盤的主人是太陽星坐命的，而身宮是天梁星。這時候命格就是陽梁雙星的格局，這與單純的太陽星坐命是完全不一樣的格局。個性上會更加的孤高，也會加重命格上「孤」的成分。因此晚年是會比較孤獨。

找找你的形象代表

#紫微星座　#天機星座
#太陽星座　#武曲星座
#天同星座　#廉貞星座
#天府星座　#太陰星座
#貪狼星座　#天相星座
#巨門星座　#天梁星座
#七殺星座　#破軍星座

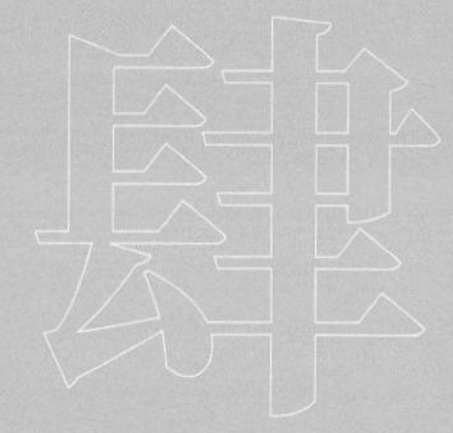

紫微斗數就是一門統計學、大型資料庫，跟西方的星座體系一樣都是透過天文系統的推演，再加上前人日積月累的數據資料，才能成為如此龐大的學術系統。在第肆章就針對您的星盤命宮中來找找屬於您自己的星座。在這一章當中，如果您是單星就直接參考該星座的特性就可以了。如果是雙星的命格就建議您需要分別先參考兩個星座的特性，雖然不夠精確，但是可以讓您粗略的進行判斷。在下一本書的進階篇中將會討論到雙星的結構。

這裏先簡單的重複一下星星的分類：

⊕ 十四主星：

紫微星座、天機星座、太陽星座、武曲星座、天同星座、廉貞星座、天府星座、太陰星座、貪狼星座、天相星座、巨門星座、天梁星座、七殺星座、破軍星座。

⊕ 六吉星：天魁星、天鉞星、左輔星、右弼星、文昌星、文曲星。

⊕ 四煞：擎羊、陀羅、火星、鈴星、稱為四煞。

⊕ 四化：

四化指化祿、化權、化科、化忌等四顆星，又叫四化。這是針對 14 主星所衍生的結果。這四化星雖不是正星，但是作用很大，可以針對主星有質變的效果。四化這個部分，會依照派別而有一些調整，但是筆者認為整體區別不大。

這是每個派別對於四化中不同的推演，各有特殊之處與優缺點，筆者雖然是占驗派的學習系統，但是認為不同的派別其實是殊途同歸，差異不大。而各個星座組合以十四主星為基礎，但分配於十二宮位中，再加上星座的位置不同，交叉排列之後卻可以成為六十基本星系，而當中又依照正反不同位置而成為 144 種星系組合。

四化口訣

十二天干	中洲派	北派	占驗派
甲	廉破武陽	廉破武陽	廉破(曲)陽
乙	機梁紫陰	機梁紫陰	機梁紫陰
丙	同機昌廉	同機昌廉	同機昌廉
丁	陰同機巨	陰同機巨	陰同機巨
戊	貪陰(陽)機	貪陰右機	貪陰右機
己	武貪梁曲	武貪梁曲	武貪梁曲
庚	陽武(府)(同)	陽武同相	陽武同相
辛	巨陽曲昌	巨陽曲昌	巨陽(武)昌
壬	梁紫府武	梁紫(輔)武	梁紫府武
癸	破巨陰貪	破巨陰貪	破巨陰貪

這一章節就針對 14 主星來進行分析解說，在紫微斗數的這個系統，我們會賦予星座的形象，來對應這個星座的特質，這樣能夠加深對紫微斗數的學習效果。

在這一章當中，來找找你的形象代表吧！

1 象徵尊貴的皇帝___紫微星座

2 姜子牙般的善謀___天機星座

3 散發熱力博愛___太陽星座

4 執著又重義氣___武曲星座

5 重視生活享受___天同星座

6 重視效率與圓融___廉貞星座

7 性格穩健、掌財___天府星座

8 代表月亮與不動產___太陰星座

9 象徵桃花與才藝___貪狼星座

10 化身為宰相___天相星座

11 細膩、感情易受傷___巨門星座

12 專業、容易碎碎念___天梁星座

13 張飛出現啦___七殺星座

14 充滿英氣與江湖味___破軍星座

這些說明就是希望可以強化對星星的印象，就可以幫助您加深印象。

紫微星座

象徵尊貴的皇帝

形象特徵	個性	五行屬性
象徵威嚴與尊貴的帝王星	⊕重視生活品質 ⊕個性不慍不火 ⊕有管理能力 ⊕沉穩有條理 ⊕自負、喜歡聽好話	土 
主星		
北斗主星		

周文王長子 伯邑考

在封神榜的傳說中，他是周文王長子伯邑考被冊封的人星宿，據說伯邑考是個美男子、體格端正、是個很體面又充滿氣質與自負、才華洋溢的人。

工作型態

沉穩領袖型

愛情風格

優雅氣質型

星座特質

紫微星座代表著貴氣，也有幾分自負，個性上容易感情用事也容易受到外界他人所影響，這是因為本身過於愛面子的關係而造成的。簡單的說，就是一個皇帝的形象來代表紫微星座。

優點

紫微星座是個優秀的領袖人物，從這個角度來分析，為人體面高貴，面貌敦厚，舉止高雅，待人謙恭有禮、做事非常小心謹慎、從容不迫，擁有卓越的管理能力。頗有統禦能力，也能獨當一面。非常有事業慾望、有企圖心強盛。天生擁有優越感、榮譽心與偉大的使命感。

缺點

因為喜歡受人重視，因此耳根子太軟，就是喜歡聽奉承的語言。個性上喜歡發號司令，也喜歡支配別人來表現自己的重要程度。

為人喜好面子，重視排場。主權威、顯像高貴，難免略有高傲之氣，愛結交權貴，驕傲，喜歡被奉承也是紫微坐命宮的特性。主觀意識及自尊心較強，遇困境皆能有承受的能力，時時也會感到孤獨。

1 象徵尊貴的皇帝___紫微星座

紫微星座是紫微斗數中重量級的星星，北斗主星，五行屬土，象徵著至高無上的帝王星，貴為帝王，所以天生就有解厄、制煞的能力。既然紫微星座是帝王的象徵，那我們來想像一下這個帝王星的個性，這個皇帝應該很重視生活品質，喜歡吃好的，用好的，個性上不慍不火，不急不徐，很有管理能力。天生氣質出眾，氣宇非凡，個性沉穩有條理。但是，個性有些自負，也非常在意別人重視他的程度，所以自然很喜歡別人的奉承，雖然看在眼裡覺得不好，但是心裡還是很開心的。

重點整理

⊕紫微星座代表著氣質與官貴。
⊕紫微星座為北斗帝王星、是事業宮主，當它位居官祿宮時，為得位。
⊕紫微星座喜歡會到左輔、右弼這兩顆吉星，有資源與能力。
⊕紫微星座加會文昌星、文曲星，容易有文采與高學歷。
⊕紫微星座化權，則權力與慾望會增大，個性上有很強的掌控慾。
⊕紫微星座化科，增加才學及名氣，一生多有特殊機遇。
⊕紫微星座會天魁、天鉞，一生機會較多且多貴人相助。

1. 紫微星座的輔助星有哪些？

紫微星座是一個帝王星，因此很需要團隊來加持，不然容易有孤掌難鳴的現象。因此，把紫微星想像成一個帝王星會很好聯想，所以這個皇帝是不是有能力？是不是有團隊？你想想看，一個帝王手下若沒有得意的兵將，就算有能力也很難有太大的作為。這時候就特別重要，因此，有一個很特殊的要點就是君王在朝，有沒有一呼百諾的權威，就要看看有沒有重要的星星來搭配或者輔助？

1-1 **紫微星座最重要的輔助星就是左輔星及右弼星**，可以增加紫微的助力，左輔星及右弼星是紫微星最喜歡的輔佐星星。反應在具體的情況，會到左輔星及右弼星的紫微星的人會有強大的領導能力，事業上會有傑出的表現。這也代表著皇帝身邊有重要的資源，簡單的說法就是身邊有文官百武在身邊支持著帝王。

1-2 除了第一點的左輔、右弼之外，文曲星、文昌、天魁、天鉞都是優質輔助星。這可以大大增加紫微的包容度並且讓紫微星座性格更加敦厚。

1-3 **紫微星座其實也怕煞星的**。在紫微斗數中有擎羊、陀羅、火星、鈴星這四顆煞星，這個皇帝縱然有百官朝拱來增加紫微星座的資源，頗有能力。那如果這個皇帝會到輔助星之外也會到了煞星，雖然能力依然強大，但是破壞能力也是一流的。簡單形容就是這個帝王脾氣不大好，有的可能性格上特別任性或者性格很容易因為愛面子而做錯決策。

2. 如何贏取紫微星座的芳心？

我們試著來聯想一下，紫微星座是一個含蓄且富有幻想的人，而且相當需要別人重視他／她。那麼，想要打動他／她，就要符合紫微星座的喜好，紫微星座是一個重視生活品質的人，最簡單的方式就是用品牌打動他／她，但是，也不能亂買的。雖然認同高端品牌但是她也是務實的喔，符合需求才能感到貼心。

另外，也可以考慮約他／她去一個很文藝、很高雅的餐廳吃飯，會覺得倍感重視。這時候，你的表現要成熟穩重又不失幽默感，那你很容易就得到紫微星座的芳心喔！另外，多傾聽與多讚美是對於紫微星座是不可缺少的蜜糖毒藥喔。這兩個小竅門是永保與紫微星相處的不二法門喔，如果除了讚美之外，還能露出崇拜的眼神那就完美了。

3. 紫微星座是怎樣的感情觀呢？

紫微星座通常有著很好的異性緣，再加上為人穩重，做事很有條理。是一個大家眼中很適合的對象，因此桃花是相當旺盛的。而紫微星的人通常也會欣賞有能力的對象，但是因為個性相處比較直接，生活情趣會稍稍減少。

紫微星座的人，雖然個性上對家庭很有責任感，但是因為是帝王星，性格難免會有一些任性放縱的現象，也會認為自己在能力上遊刃有餘，憑藉著些許的自負，所以在感情上都有感情豐富的現象，在人生過程中難免也會有多情、風流的感情世界。

4. 誤區→紫微星座坐命一定好命？

很多人對於紫微星座，這麼強的星座有些誤解。總是認為紫微星座坐命那就一定是命很好、能賺很多錢、能大富大貴，將所有你可以想像到的好想像力全部賦予上去了。其實不是的喔，在紫微斗數中要好好分析這個星座坐命的特質，有會到重要的輔助星就可以提升人生格局的架構，再搭配能夠一展身手的好運就會有好作為。因此好好運用星座的特質才能事半功倍。

天機星座

姜子牙般的善謀

周朝開國軍師　姜子牙

封神榜傳說

形象特徵	個性	五行屬性
幕僚、軍師、參謀人才	⊕喜歡動腦 ⊕個性溫和 ⊕超強領悟力與研究心	木 
主星		
南斗星		

周朝開國軍事 姜子牙

封神榜的主角之一姜子牙，在過世後被封為天機星座。姜子牙就是天機星座的化身，他在早年並不得志，而最後因輔助周武王而被封為諸侯，因此姜子牙代表著機智、謀略、運籌帷幄的一個重要角色。另外一個象徵性人物就是諸葛孔明，他將善算的本質發揮到最高極限，還能參透天機來運用數術，執行一連串的謀劃可謂高人。

工作型態
幕僚軍師型

愛情風格
機智細膩型

星座特質

命宮天機星座的人特喜歡動腦，個性溫和、待人客氣，又好行善，且具他人所不能的領悟力與研究心，所以人緣很好，深受他人歡迎。反應敏捷、智商高又富洞悉力，擁卓越的事業策劃天才和他人所無的獨創見、構想，所以造福人群的工作最能發揮天機的長處。天機在命宮比較鬼計多端，常會玩一些小聰明。

優點

天機星座理論上很適合從商，不宜從官。很適合為人服務，或者提供專門技術與技術支援。有通達靈變之智，也富機略善策劃。對數字的記憶能力非常優秀，能夠記住一長串的數字與敏感度。但是也因為這些優點的關係反而很適合當公務員。

缺點

天機星座是一個動星，所以基本上都有見異思遷的味道，個性上會操心操勞，閒不下來的特質，可以說是一位勞碌命的人。因為對於數字具有先天的能力所以也容易將心思用到投機與博弈高風險投機性事業、高槓桿金融操作或是遊走法律邊緣灰色地帶的事物上，須要特別注意。

2 姜子牙般的善謀___天機星座

天機星座是南斗第三星，五行屬木，兄弟主，就是代表著兄弟與手足，天機星座化氣為善。其人聰明反應快、機智口才佳，掌管著「智慧」與「精神」，天機星座與貪狼星座都是紫微斗數裏面最具智慧的二顆星，天機星座擅長於企劃，與貪狼星座的博學完全不同。天機星座比較傾向流行性，實用性價值的運用，很注重思考，心理文學，知識或技藝方面的資訊。天機星座有善算的本質，也是很好的幕僚、軍師、參謀人才，傳說中的姜子牙就是天機星座的化身。當然軍師也分成很多種，其中一種就是以天機星座為主的，就是單純運籌帷幄，善用心思出謀劃策，坐臥帳幕之中還能決勝沙場。

重點整理

- ⊕天機星座代表聰明、機智與善變。
- ⊕天機星座為兄弟宮主，居兄弟宮是最適合的。
- ⊕天機星座適合鑽研學問成為專家學者。
- ⊕天機星座如果加會到地空、地劫，則容易對宗教或哲學有興趣。
- ⊕天機星座加會文昌、文曲，特別適合擔任顧問、特助。
- ⊕天機星座加會火星或鈴星，容易心思變動不定。
- ⊕天機星座加會擎羊或陀羅，個性有小聰明，容易有筋骨損傷。

1. *天機星座的輔助星有哪些？*

要求細節，心思慎密，個性上盤算較多而且完整，也才有古書上引伸的善謀為軍師之才。也因此，天機星特別適合做機要秘書或機要幕僚性質的工作，也適合從事關於投資投顧方面的工作，因為天機有策劃及善後的功能，奉承上意稽核追蹤監察，較著重在計畫執行面的工作。

1-1 **機月同梁格坐吏人**，通常是天機坐子午位或機陰對拱巳亥位的人特別適合當公務員。何謂官吏呢？其實就是現在的公務員，在政府單位中上班。那為什麼這麼說呢？那是因為天機星、太陰星、天梁星、天同星這類屬於柔性星性的人在個性上比較沒有太大的野心，因此不建議創業或獨當一面的工作。

1-2 **探花格**，古代的科舉制度，第一名是狀元，第二名是榜眼，所以探花格是第三名的意思。既然名列前茅，必然做官，那王宮貴族的千金是必要挑個好人家，所以探花格也帶上了桃花的意思。因此除了會念書之外，還有因功成名就而產生的桃花緣份。

2. *如何取得天機星座的芳心？*

我們試著來聯想一下，你喜歡的這個人個性非常好言善辯，敏感卻又善解人意，很重視兩個人心靈的契合度，心思很細膩的，對喜歡的另一半行為反應很敏感，會喜歡被對方呵護在手裡的感覺，但是感情模式基本上是隨緣而且被動，認為緣分是註定的，實在不能強求。

如果你喜歡這樣的一個人，記得要時時保持相處的新鮮感，讓天機星座對於你的所有一切充滿好奇心，讓她／他覺得對你們的未來充滿信心與穩定，行事風格要多多為她／他設想，讓天機星座對你充滿信心，那你就擁有了她／他的心喔！

3. 天機星座是怎樣的感情觀呢？

天機星座的感情觀是充滿矛盾喔，雖然天生就有一顆不穩定的心，但是其實天機星座是一個喜歡追求穩定的人，這是不是有點矛盾呢？

偏偏這樣充滿機靈的人就是非常容易吸引異性而有了豐富的桃花，感情世界容易多采多姿。

天機星座的感情世界總帶有一點多疑的成份，容易因為想得多，也考慮的多。兩個人的相處邏輯，日子久了也容易有話不投機的現象，但是天機星座在面對感情的不順利也會選擇隱忍居多，尤其會考慮到家人，即使感情容易受到波折而不平穩的情況下還是會忍耐，不會輕易離開的。

“舉個例子”

天機星座
太陰星座
在申位的男性

夫妻宮是旺地的太陽星座

太陰星座在旺地的男性通常夫妻宮都很令人羨慕。只要沒有不好的星星進入，例如：空劫、截空或煞星一同在夫妻宮。

夫妻宮有旺地的太陽星座，表示另一半有良好的事業或者當事人可以得到太太那邊的助力。因此古書常說是得賢妻或得妻助，是一個相當令人羨慕的組合。但是，只要有任何不好的星星進入很容易因為兩個人的行事風格落差很大。因而感情容易生變。

4. 誤區→聰明反被聰明誤？

還記得前面我們說天機星座是探花格嗎？是的，天機星座非常聰明。

很會念書，頭腦也特別靈巧。所以在紫微斗數天機星座就成為了姜子牙的代表。這裡提的誤區，這裡就是要提醒天機星座聰明，千萬不要聰明反被聰明誤了！

因為天機星座就有投機取巧與浮動的個性。

這常常會把天機星座推到一個不對的決策上喔，因為天機星座的人很喜歡有投機性質的投資，例如：喜歡接觸虛擬貨幣的投資，或者喜歡玩高槓桿的投資，因此容易因為的決策的錯誤而承擔很大的風險。

太陽星座

散發熱力與博愛

形象特徵	個性	五行屬性
光明博愛 重視名聲而輕利益	⊕個性慈愛 ⊕慷慨大方，好濟施 ⊕個性灑脫又性格 ⊕喜歡廣結善緣，樂於服務大眾	火
主星		
中天主星		

商紂王宰相 比干

在封神榜當中由商紂王的忠臣比干來職掌太陽星座，因為比干個性上十分忠義忠誠，又因向紂王進薦卻又遭逢到妲己的陷害，故而自刳其心而死來表明自身的志向，聽到這一個故事就知道太陽星座的個性是相當耿直的。因此太陽星座除象徵光明磊落、率直、忠誠與博愛之外，本質上還帶上一點是非的意味存在。

工作型態

工作至上型

愛情風格

孝順顧家型

星座特質

太陽星座具有使命感，優越感，有榮譽心，慈悲心，熱忱、不畏辛苦困難，有魄力果決。喜廣結善緣，樂於服務大眾，但由於過度熱心，常常會覺得做了吃力不討好的事情。雖然太陽星座不是一定是俊男美女，但是外表輪廓明顯，還是很吸引人的。

優點

太陽星座有孝順顧家的特質，這說明家人對於你的重要性。對於家裡的大小事情都很用心，但是你的個性對外人反而會客氣一些，對於家人卻特別容易有情緒，說話表達都特別直接。太陽星座除象徵光明與博愛之外，也能看出一個人學業、事業、成就的高低。

缺點

太陽星座因為重視名聲，所以很在意個人在親戚朋友中的形象與地位，那因為這個緣故，性格上會有小小的虛榮感，這個部分會讓太陽星座吃盡苦頭，為了事業與名聲，常常使你焦頭爛額。另外，這個星座容易有血壓不穩與視力不佳的問題。

3 散發熱力博愛___太陽星座

太陽星座是中天主星，屬陽火，這個星座本身就有很多好的寓意，太陽星座就象徵著權貴與光明博愛，是個專門掌管事業與工作的星座，所以也說明你是一個很重視事業的人，事業是你這一生的人生重心，因為太陽星座主貴氣，會重視名聲而輕利益，所以對於功名的掌控會多過於財富。

而這個星座也代表著男性，父親或是丈夫，象徵你與男性親屬之間的關係。如果你是太陽星座坐命的人與父親緣份也會比較淡，最常展現的方式是你與父親沒什麼話說或者父親時常因為工作而聚少離多，甚至是你在童年就與父親分離了。另外，也說明你是一個孝順顧家的人，對於家裡的大小事情都很用心。

重點整理

⊕太陽星座是中天主星，象徵尊貴、博愛，但頗有虛榮心。
⊕太陽星座在親情方面則代表男性，父親、丈夫。
⊕太陽星座是官祿（事業）的星座，居官祿宮是最適合不過了。
⊕太陽星座加會地空、地劫，個性為人會更好面子。
⊕太陽星座廟旺加會科、權、祿，能力強，人緣佳，但個性還是固執。

1. *太陽星座的輔助星有哪些？*

太陽星座跟太陰星座跟其他星曜的廟旺落陷看法稍有不同，太陽星座從寅宮到未宮太陽星座算是廟旺，也就是說這些位置是亮度高的。從申宮到丑宮太陽星座為落陷，太陰星座則是相反。

1-1 **太陽星座如果遇到三台、八座**這兩顆星時，太陽星與太陰星則會在星盤上往前兩格，因此會有亮度提升或下降的問題。

1-2 **太陽星座如果是女命**，可能就會比較辛苦喔。因為太陽星在命盤中所呈現的意義是父親、丈夫、兒子，那意思是女生就要像男生一樣能幹或者性格比較陽剛一些。另外，呈現在星盤中太陽星座也就代表著男性親屬，因此在行運化忌或行運大限化忌時，則要特別留意父親的身體狀況或者自己與父母親的溝通是不是出現狀況。

2. *如何取得太陽星座的芳心？*

最簡單的方式就是最好的方式，從太陽星座的家人下手，先討好太陽星座的家人，這是必勝關鍵喔！因為太陽星座很重視家人，所以家人喜歡你的話，你已經成功一大半了。先記住對方家人的重要節日，然後做點表示，即使只是吃吃飯，看在太陽星座眼中你已經不一樣了，如果能對太陽星座的家人表現出貼心，甚至是愉快的相處，那馬上升級進階打敗很多競爭對手了！另外，太陽星座雖然很務實但是會有小小的虛榮心，重要節日送點高端品牌會讓太陽星座很開心，馬上可以感受到你對他／她的重視。

3. 太陽星座是怎樣的感情觀呢？

單純又直接的太陽星座，不容易隱藏自己的情感，也不太會修飾自己內心的想法。太陽星座是代表著太陽散發光與熱，是一種燃燒自己，照亮別人的象徵，個性熱情洋溢，像太陽一般的溫暖著身邊的人。

因此，太陽星座代表著熱情，也代表博愛的特質，這種特質也會運用在感情上面，對愛情會非常投入並且付出很多，對待感情非常重視信用與承諾。

特別喜歡個性單純，性情簡單的異性，一個太直接的異性會讓太陽星座怕怕的，擔心自己不能掌控。而單純的對象會激發太陽星座的保護慾，所以一個小女人會讓太陽星座甘願為愛付出的。而一個太陽星座的女性也會很欣賞陰柔特質的男性，喜歡個性細膩，貼心入懷的對象喔。

“舉個例子”

太陽星座在午位的女性

夫妻宮是天同星座

這個位置的太陽星座實在是太厲害了，這種旺地的太陽星座通常一個人當兩個人用。要照顧家人又要發展事業，所以另一半實在是好命喔。

不過，太陽星座的個性是相當強勢又主觀，因此，夫妻關係中兩個人容易有摩擦。一個行事風格比較務實與強硬、而另一半個性隨性輕鬆，所以古書都建議天同星在夫妻宮最好相差八歲以上，更容易包容對方。

4. 誤區→旺地太陽星座一定好嗎？

我們在前面有說到太陽星座非常重視事業，想當然五行一定屬火，還能有比它還熱的嗎？不過熱歸熱，太陽星座在不同的星盤位置，還是有很大的差異性，尤其是針對事業的部分。

那麼，旺位的太陽（早上到中午的太陽）這麼亮的太陽星特質就一定比在落陷不亮（晚上）來的好嗎？

答案肯定是不一定的，但可以確定的是，太陽星座在旺位會更能勞有所成，因為太陽星座主貴氣，在旺位的太陽星座亮度十分強烈，是要給大家溫暖的，是要照顧很多人的，所以當然是很辛苦的，相反的，如果是弱陷的太陽就相對輕鬆一點點。

武曲星座

執著又重義氣

周文王次子，西周創建者 周武王姬發

形象特徵	個性	五行屬性
象徵勇敢與財富 專門管理財富的星座	⊕勇敢果決，處事積極有責任心 ⊕有領導及獨當的能力 ⊕擅長理財及投資 ⊕重義氣不肯輕易認輸	金 
主星		
北斗星		

封神榜傳說

周文王次子，西周創建者 周武王姬發

在封神榜的傳說當中，經世濟國的周武王來掌管武曲星座，他是周文王的次子姬發，他在姜子牙的輔助之下打敗了紂王，在位十九年經世治國讓百姓安居樂業，因此成為財富之神與代表，在中天界職掌財政金融。

工作型態
執著努力型

愛情風格
務實愛家型

星座特質

紫微斗數當中，有三個星座都代表著財富，分別是天府星座、太陰星座與武曲星座，但是三個星座都是不同的方式代表著財富。

武曲星座→具有行動取財的概念，對於賺錢是主動而積極的。

太陰星座→代表房產與地產。因此有財的概念之外，還有庫位的概念。

天府星座→庫星的代表，有著保守存錢的概念。

優點

武曲星座最大的特質就是用行動力賺錢，意思就是行動取財，對武曲星座的人而言，坐而言不如起而行。這樣的人可以為了賺錢像個努力不懈的人一般沖沖沖，賺錢第一，其他的事都是其次。這樣的人當然也是一個顧家的好對象。

缺點

做事果斷而有毅力，缺點是容易急躁欠缺周詳。武曲的心都用在務實打拚賺錢養家上，所以生活上就比較沒有生活情趣，因此落得一個寡宿的稱號。

但也因為武曲星重視金錢、愛賺錢，所以在求財時就要特別注意三合之內的狀況，有時候個性會因為過份重視金錢而忽略親情的維持，容易忽略家庭或身邊的另一半，所以愛賺錢的武曲要多關心自己心愛的人，否則錢賺到了，卻失去了家人的心。

4 執著又重義氣___武曲星座

武曲星座是北斗第六星，五行屬金，象徵勇敢與財富，是專門管理財富的星座，但是這一顆財星，在習慣上我們把它是用武財神做詮釋，所以就會有一些比較好理解的形象，代表著正財（也就是事業工作上賺的錢）、努力賺錢、仗義紓困、個性堅毅、重理性。也因為屬金，所以通常也重視金錢，因此就稍有寡宿的味道，那是因為武曲星座太過重視賺錢、事業，而忽略了家人。

武曲星座在工作上代表財星，象徵著行動取財，在賺錢這件事情上特別積極。武曲星座五行屬金，所以這樣星座的人行事很有魄力，做事情乾淨俐落，能吃苦因此在事業上（或工作上）通常都很有表現。

重點整理

⊕武曲星座為北斗的將星、是財帛宮主，居於財帛宮得位。
⊕女命武曲星座也象徵勞碌，事業保守，個性固執。
⊕武曲星座男性有毅力，學東西能專精。
⊕武曲星座加會祿、祿存，天馬有賺錢能力，社交能力強。
⊕武曲星座加會文昌、文曲，易有才藝，則為儒將不宜武將。
⊕武曲星座加會科、權、祿，財源不斷。
⊕武曲星座加會火星、鈴星、擎羊、陀羅、有一技之長。

1. 武曲星座的輔助星有哪些？

武曲星座喜歡在三方四正會到化祿星與祿存星，但是並不喜歡與武曲星座同宮同座。

1-1 因為**武曲星座本身已經很重視「賺錢」這一件事情**，若是與祿星同宮，則會加重了喜歡「錢」這個成分，在紫微斗數中過與不及都是不好的。

1-2 **武曲星座坐命的人，不喜歡身宮遇到廉貞星座。**「武曲星座」是財星的代表，而「廉真星座」有「囚」的特質。因此這，兩個星星若各為命身組合，就會太過重視「賺錢」這一件事情，則會加重了喜歡「錢」這個成分。因此，時常會進退失據反而不是好事。

2. 如何取得武曲星座的芳心？

如果你的對象是一個武曲星座，你要讓他／她在錢這個部份安心。如果你的對象是**女生的武曲星**，就得把事業做好讓她可以安心的好好持家，不要因為對錢或生活產生不安全感。如果你的對象是**男生的武曲星**，就把賺錢的事情交給他，其餘的事交給妳，讓他安心去沖事業，這樣也是一種很好的分工喔！

當然，一個完美的情人不一定是一個完美的對象，但是武曲星的責任心與務實的個性確實是一個完美的對象。

3. *武曲星座是怎樣的感情觀呢？*

武曲星座是一顆人緣比較弱的星星，因為主見意識很強。因此武曲星座帶有一些孤剋的味道在裡面，不要聽到孤剋就嚇到喔。那只是因為個性過於剛直，過份重視金錢觀，偏偏這些現象都有不利於感情的因素與發展。

就因為武曲星座是這樣一個重視實際面的人，也不會去追求那些縹緲不定的愛情，願意腳踏實地的過生活，這樣的特質卻反而能在婚姻路上比較平穩，當然，缺點是比較沒有生活情趣，所以當武曲星座的另一半要很能忍耐，但是也很幸福。怎麼說呢？可以完全的信賴武曲星座對感情的執著度，一個安心放心的好伴侶。

“舉個例子”

武曲星座在戌位的男性

夫妻宮是紫微星座、天府星座

這個位置的武曲星座可以說是一個重視事業與家庭的星座。但是因為武曲星座辰戌位有不發少年的條件，因此人生旅途在追求事業與成就的路上會比較辛苦，但是多有所成。

武曲星座的人一方向重視金錢與事業，而一方面個性上又執著一成不變。因此容易造成夫妻間生活情趣不足。而武曲星座認為對家人好就是給家人無憂的生活條件，而不是陪伴談心這種軟性的訴求。因此，日子久了夫妻間就容易日漸疏遠。

4. 誤區→財神是哪一個？

很多人覺得財神應該是趙公明，也有人覺得是關公。那應該哪個是正確的呢？其實，都是對的！

但是，普遍認為財神是關公有三個理由：

4-1 關公生前善於理財長於會計業務，曾設立筆記法，發展帳簿，將計算方法設置有原始、收入、支出、存入四項，公認關公為會計專才，並奉為商業神明。

4-2 生意，最重視義氣和信用。

4-3 民間傳說關公仙逝後，時常在作戰時得到關公的幫助而取得勝利，因此希望在商業中能夠愈戰愈勇。

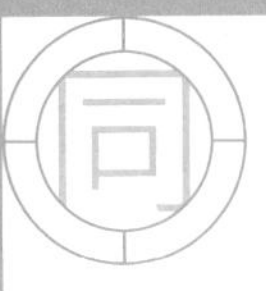

天同星座

重視生活享受

商朝末年諸侯國君主，西伯侯 周文王姬昌

形象特徵	個性	五行屬性
統御福業的星曜 能消災解厄，福報極深	⊕富有人情味 ⊕善於協調人際關係 ⊕溫文儒雅，不喜歡與人爭鬥	水
主星		
南斗星		

商朝末年諸侯國君主，西伯侯 周文王姬昌

在封神榜的傳說當中，天同星座是周文王姬昌的化身，周文王是紂王座下的諸侯之一，由於姬昌勤政愛民，在治理期間有路不拾遺、夜不閉戶的美話，因此百姓民生富足、安樂知足。因此受封為天同星座，象徵著福氣，代表著溫順、事事圓融的意思。

工作型態

輕鬆愉快型

愛情風格

相伴甜蜜型

星座特質

面貌豐圓、男生體型都較豐滿福泰、白白嫩嫩的，看上去一臉福氣樣的天同星座，自然給別人的感覺就是財福兼具的人。天同星座是感情非常豐富的星星，因為基本性格溫良柔弱，心思很細膩所以也會造成決斷力不足，而且只要一遇到感情問題，就是剪不斷理還亂的狀況，總是困擾多多。

優點

為人個性溫和，性慈，眉清目秀，聰明且腦筋靈活，喜歡照顧他人，重享受、代表親合、隨性、圓融。容易滿足現狀，能把眼前的事情做好就開心了，對於未來沒有太大的野心與企圖心。這個位置星座適合從事為人服務性質，藝術性或研究性的工作，創業過程先苦後甘，終必有成。

缺點

依賴心重、惰性也重、個性上較懶散，人生欠缺動力。個性上會比較優閒輕鬆，除非自己感到興趣的事，不然不會有積極的態度。而且天同這個星座不喜歡勞動性質的事情，最好能夠在工作中得到樂趣，粗活、辛苦及單調的事不宜。容易感情用事，大而化之，耐性不足，缺乏幹勁，想多而做少。容易受到外界環境影響，而影響到自己的判斷。

5 重視生活享受___天同星座

天同星座在東方占星裏面象徵福氣，天同星座是南斗第四星，化氣為福，五行屬壬水，具有益壽、是統禦福業的星曜，是為福德主，有消災解厄之特殊待遇，福報極深。依賴心重、人生欠缺動力。也是一顆相當感性的星曜，你自己本身的性格就是一個重視生活享受，也沒有雄心壯志的人，但是卻會因為種種因素被外界逼著忙碌，讓你覺得忙到不得空閒。

為人個性溫和，性情溫和謙遜有禮，富有人情味。善於協調人際關係，有機智，溫文儒雅，不喜歡與人爭斗！性情溫和、朝氣蓬勃、彬彬有禮、文墨兼通，是一懂得生活享受，明白生活情趣的人，故而心情較常人輕鬆。惟一的缺點，就是沒有耐性，凡事都喜好學習，研究，但往往無法持之以恆，造成博學而不精的情形，可謂是一個有志向、但是沒有積極行動的人。

重點整理

⊕天同星座代表溫和，享受。
⊕天同星座為南斗星、是福德宮主，居福德宮主為得位。
⊕天同星座加會文昌星、文曲星，更容易為情所困。
⊕天同星座加會火星，鈴星，反而會激發出天同的積極性。
⊕天同星座加會擎羊、陀羅多主受傷，辛勞。
⊕天同星座加會火星、鈴星、擎羊、陀羅、地空、地劫、代表事情多而忙亂。

1. 天同星座的輔助星有哪些？

1-1 **天同星座是一顆福星**，具有益壽、消災解厄，福報極深。象徵安享，有口福，個性性情溫和謙遜有禮，富有人情味。善於協調人際關係，有機智，溫文儒雅，好文學，心慈耿直喜助人，凡事不與人計較，不偏激，讓人感受溫柔隨和而帶來好人緣。為人較注重精神生活感受，喜歡過悠閒生活，品味高。

1-2 **天同星座是所有的星座裡面最喜歡煞星的了**，對羊、陀、火、鈴的煞氣較不怕。天同星座逢煞星反而會激勵它的奮發圖強，雖然煞星也會使生活變得勞碌艱辛，但是也會有成功的機會。可以大幅度改善了天同星座過於安逸的個性。

2. 如何取得天同星座的芳心？

其實跟天同星座相處很簡單，天同星座是一個開心又喜歡享受生活的人，如果你喜歡一個天同星座的人，你只要認真的陪著他／她好好認真過生活，就可以讓天同星座非常開心。

天同星座是一個會享受生活的星座，喜歡去吃吃喝喝，探訪好吃的餐廳、或者在假日的時候可以出門去走走，去遊山玩水。如果是女生的天同星座可能會喜歡嘗試一些美甲或是去逛逛街。所以說天同星座的人要的生活是非常簡單的。但是，如果你是要找一個可以打拼努力的對象，天同星座就不適合了喔。

3. *天同星座是怎樣的感情觀呢？*

天同星座對感情確有著不善拒絕的個性，那會有怎樣的問題呢？

天同星座很容易因為個性善良而容易原諒了別人，也會有不計前嫌的人生態度。當然，在感情面尤其是，因為感情本來就是天同星座的最重視的人生課題。

天同星座本身是屬水的星，那就可以瞭解個性其實是柔性的，對感情強勢不了。那我們剛剛也提到了天同星不善拒絕，因此也會容易出現與前任情人糾纏不清的問題，那，感情的複雜程度就變高了。

如果你有一個天同星座坐命的情人，你會發現對方無時無刻都抓緊時間跟你相處，但是，這對於很多人會容易覺得膩的，雖然是情人，有點生活空間還是比較好的。

“舉個例子”

天同星座
在亥位的女性

夫妻宮是借對宮天機星座、巨門星座

這個位置的天同星座，個性上喜歡享受，對人生沒有太多的抱負，希望工作順利單純，頗懂生活情趣。如果有煞星來會，則可以增加執行力，避免空談空想的狀況。

天同星座的人本來就重視生活享受，卻又容易因為個性隨和、人際關係好，因此異性緣頗佳。亥位本身屬於水地，天同星座屬水又位於水地，那桃花 / 異性緣就更多了，而天同星座本身有不善拒絕的個性，常常讓感情世界變得複雜。偏偏夫妻宮的天機星座、巨門星座是一組很細膩又多疑的星座，這樣的組合常常會讓夫妻兩人各有猜忌與心思，而惡化了夫妻關係。

4. 誤區→福氣越多越好嗎？

前面有提到，天同星座是福德主，是一顆重視享受的星座。那是不是福氣越多就會越好命呢？ 或者福德宮越好就是越好命呢？

其實，那就不一定喔！

我們思考一下如果福德宮是天同星座，那當事人應該是一個能享清福的人，這種「享福」需要從多種角度來解釋，人生態度輕鬆、生活條件富裕、家中資源豐厚、本身有殘缺需要依賴家人等等。

那如果天同星座化祿了呢？ 這個福份就太多了點，那萬一祿存星又進入了，這就表示這個人太重視、太重視享受這一件事情了，那是不是會有反效果呢？這一個天同星座是家境非常好的人，還是一個重疾之人才會終生依賴家人不需要做事勞動呢？這些都是需要思考的角度。

廉貞星座

重視效率與圓融

商紂王大臣，善於阿諛奉承 費仲

形象特徵	個性	五行屬性
重視人際關係，清秀端莊、氣質高尚、異性緣佳	⊕重感情、事業與效率 ⊕個性難以捉摸 ⊕要求自己盡善盡美	火
主星		
北斗星		

商紂王大臣，善於阿諛奉承 費仲

在封神榜的傳說當中，廉真星座所代表的是紂王身邊的費仲，他又是誰呢？他是一個很貪生怕死的又自私的角色，個性上有是非、糾紛、扭曲、陷害的意思存在，雖然這並不代表廉真星座是這樣的個性，但是因為廉真星座也代表著一些是非與扭曲，因此成為了在廉真星座的代表。

工作型態

效率目標型

愛情風格

風趣甜蜜型

星座特質

廉真星座清秀端莊，氣質高尚，異性緣佳，很在乎工作績效。工作總是會先付出，才會求回報。廉真星座是一顆多變化的星曜，所以又稱為五鬼星，廉真星座的人小時候就鬼靈精怪，每天都有想不完的點子。

優點

廉真星座有一些很好的優點，負責盡職，見識不凡，思想新穎，行為保守，是非分明，敢做敢當，積極進取。為人好強喜權能，忍耐力強可吃苦，擁有不屈不撓、勤奮努力等特色。能善用公關特質輔助事業，有人際關係得財的概念。

缺點

廉真星座有一種特質，不化科而化科在其中。就是廉真星座比較容易在人際關係受到注目，因此有點鋒芒太露，而導致是非。個性上心高氣傲，情緒多變，自視過高，要求過高，完美主義。喜標新立異不合群，個性過敏多心機。重效率，有個性特別急躁的現象。

6 重視效率與圓融＿廉貞星座

廉貞星座是北斗星第三主星，五行屬丁火，又稱五鬼星。為次桃花星，代表專情。星座特質重視人際關係，是標準外交官，為人重視人際關係的圓融，主禮儀禮節，所以擔任外交公關業務人際往來的工作最為恰當，應對進退，親和周到手腕靈活。在中天界統禦囚獄，可為福為禍，也主官祿，權令，所以代表權威，適合於從政、軍警、公職，因此有囚星之說，有懷才不遇、受制、是非的意思，會要求自己盡善盡美，有完美主義的概念。這些都是展現出『囚』的味道。而個性有放任不拘好爭勝，愛好自由，不拘小節，心直口快，能言善辯，有遠大的抱負，敢作敢為。

廉貞星座喜歡交際應酬，樂於表現，因為這星座本身就有公關的特質，在人與人之間的雙向溝通上，懂得「先付出就先贏得收穫」也知道容易贏得別人的重視，並且以圓融的處世技巧與太度，來建立良好的人際關係，因此，會放下身段來迎合環境，甚至表現大智若愚或譁眾取寵的感覺。

重點整理

⊕廉貞星座是北斗第三星，五行屬火，次桃花星，是較為感性的一顆星曜，在中天界統禦囚獄，可為福為禍，也主官祿。
⊕廉貞星座加會左輔、右弼，有能力，可掌大權。
⊕廉貞星座加會文昌星、文曲星，有明理，有魅力，感情多風波。
⊕廉貞星座加會科、權、祿工作順利，名利雙收。

1. 廉貞星座的輔助星有哪些？

廉貞星座是一顆桃花星，所以會到一些桃花星會更為加重了桃花性質。

1-1 **廉貞清白格，這是古書上極為推崇的高品格**。廉貞星座獨坐與祿存同宮，三方四正中逢輔弼魁鉞昌曲六吉星，不逢煞忌，可以說是富貴顯達的命格。

1-2 **廉貞星座坐命，官祿宮必有武曲星**，若再逢文昌、文曲星同宮，或在三方四正會照，為「廉貞文武格」，允文允武。廉貞星在寅、申宮入廟獨坐，則平生福氣福厚，但容易感情坎坷。

1-3 **廉貞星座坐命，不喜歡與左輔星或右弼星同宮**，這樣的組合會一生刑訟官司不斷，因為個性特別爆而容易有官司。

2. 如何取得廉貞星座的芳心？

如果你要跟廉貞星座的對象相處，是需要一點心理準備的。因為廉貞星座面對感情是相當投入的，只要廉貞星座認定你了，可以說一夕間就會陷入熱戀。這個狀況很容易嚇到對方的，面對這種對象全心的投入的感情而容易不知手措，對於感情，好像會默默的被推著走，不願意去破壞一個滿心歡喜的氛圍。所以通常有兩種結果，一種是不知不覺被廉貞星座的人拖著而一起進入熱戀期。另外一種是開始猶豫害怕，被廉貞星座敏感的察覺之後就感情告吹。

所以，你如果喜歡一個廉貞星座的人，要先瞭解一下自己對這份感情的立場，確定好自己是不是認真想談感情，這個時候就用不擔心其他的了，愛手去愛就對了。

3. 廉真星座是怎樣的感情觀呢？

廉真星座也是一顆「囚星」，什麼是囚星呢？就是囚犯的那個囚，有困住，限制的異思。聽起來有點恐怖，其實是因為廉真星座對感情的投入與用心程度容易造成一種自我限制的現象，這就是在感情面「囚星」的效果。這種效果不僅會自囚，也會困住他人。這又該怎麼解釋呢？廉真星座對感情是非常有熱度又直接的，當你面對一個熱情又坦率的個性，好像就會不自覺被推著走，一起陷入熱戀的漩渦。但是這個前提是要對的人、對的時間與場合，不然恐怕是非就來了，對吧？

性格上有點放任和灑脫，又有專情的特質。這種敢愛敢很，個性鮮明的表現是所有的星星裡面最吸引人的，也是最讓人頭痛的

“舉個例子”

夫妻宮是貪狼星座

這個位置的廉真星座可以說是一個重視事業與感情的星座，因為午位屬於火地，因此在雙星結構中（廉真星座、天相星座）廉真星座的特質會更明顯與強烈，那是因為廉真星座屬火，而天相星座屬水。因此，天相星座與午位形成水火互剋的結構。如果是在子位，天相星座的特質會比較明顯。

廉真星座、天相星座的人一方向重視事業，而一方面個性上又執著於感情的相處。偏偏夫妻宮是貪狼星座，雙方的桃花指數都破表了，而配偶也是一個重視工作與感情的人。雖然相處上還頗甜蜜，這樣有點相似的生活重心讓人分不出誰正誰附，反而在婚姻生活中埋下不安的因素。

廉真星座
天相星座
在午位的女性

4. 誤區→桃花就一定是爛桃花嗎？

廉貞星座是僅次於貪狼星座的次桃花星，大家聽到桃花星是不是眼睛都一亮了呢？

可能跟你想得不一樣喔，廉真星座的桃花，往往伴隨著工作而來，或者是因為工作性質必須與許多異性接觸，如餐飲業、服飾業、或女性從事空中小姐、櫃檯服務等。當然桃花分成很多種，而這一種桃花就是一種人際桃花，意思是這樣的人很重視人際關係圓融度並且能夠長袖善舞，進退應對得體大方，是一個很適合擔任公關型的人才，因此才把廉真星座比喻成一位外交官。

天府星座

性格穩健、掌財

形象特徵	個性	五行屬性
財星，象徵富足與穩健 專管財帛、田宅與財庫	⊕為人較為保守，缺少主動性 ⊕講原則 ⊕有自己的主張 ⊕按步就班	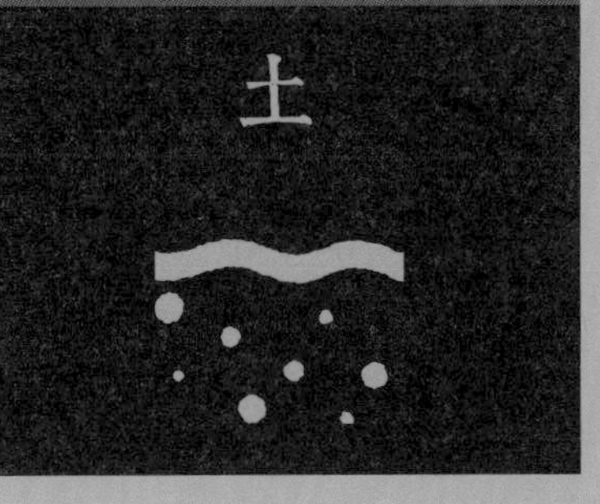
主星		
南斗星		

商紂王皇后 姜皇后

在封神榜的傳說當中，天府星座所代表的是商紂王的元配──姜皇后，這個姜皇后是一個很有才華有慈悲心的形像，在商紂王受到妲己魅惑之前，紂王也曾經對商朝有很大的貢獻，而姜皇后辛勤的輔佐紂王治理國家也功不可沒，成為的重要人物。

工作型態

沉穩管理型

愛情風格

穩健持家型

星座特質

天府星座是象徵財庫的星曜，能給人一種可靠及包容的感覺，喜歡傾聽朋友吐露心事，同時也愛照顧弱小的人，給人值得信賴的感覺。為人較為保守，缺少主動性，有自己的思想主張，工作也能按步就班來完成，利於守成，不利開創，喜歡在平穩中成長。

優點

天府星座有很好的優點，處事沉穩內斂，個性謹慎保守，事業上有條裏、很有管理能力。對於工作事業，偏向保守，有容讓之心，適應力強，有歸屬感，謹守工作崗位，做自己分內的事，不輕易更換工作、改行，也不主動參與工作以外的種種交際應酬，也是因為這樣更應該好好慎選行業。

缺點

為人個性稍嫌保守，縱使很有生意頭腦與手段，但是仍然不利開創，開創事業動力稍嫌不足，容易流於怠惰，所以沒有太積極去發展人生及開創人生的熱誠、沖勁，還好時時有貴人相助，所以一生尚稱如意。除非再創業之時，要慎選團隊，能互相補足是最好的。

7 性格穩健、掌財___天府星座

天府星座是南斗主星，五行屬土，也是帝星格局。象徵著富足與穩健之星，財星，專管財帛、田宅，又名財庫，是輔佐帝座的輔臣，個性溫和圓融多機變，通常天府星座所表示的涵意或在宮位中所顯現的命理現象有：掌權、掌財庫、雄才大略、保守穩重，與紫微帝王星不同，紫微主開創、天府主守成。

天府星也可視為貴人星，天府星座入命，則表示出外發展可得貴人相助，若再逢好星星展現，則可因為貴人提攜而得財。天府星座也可是一個富貴之星，重視口福，所以中年之後會比較福態，天生的腸胃消化方面比較弱，平時要多多注意。

重點整理

⊕天府星座乃南斗星是衣祿之神，也是財帛主、田宅主。
⊕天府星座是財庫星，多有儲蓄習慣。
⊕天府星座善積錢財，理財，購置房產。
⊕天府星座女命得之，旺夫益子，任何職務都能負責盡職。不管是在古書或是任何書籍都很喜歡女命的天府星，這種個性穩健又能持家當然是旺夫的好格局了。
⊕天府星座加會左輔、右弼，有能力，可掌大權，為人企劃組織力佳。
⊕天府星座加會火星或鈴星多耗財。

1. *天府星座的輔助星有哪些？*

1-1 你知道**天府星座也是帝星**喔。與紫微星座不一樣，紫微星座重視創新，而天府星座重視守成。既然也是一方霸主，所以才華能力都不在皇帝之下，所以，我們現在要談的天府星座，就好比王爺一般都需要六吉星的幫襯才會才華洋溢喔！

1-2 **天府星座的基本星盤特別重視祿存與四化的化祿**，王爺有了祿星的加持，就如同手上掌握了資源一般，能夠大刀闊斧的進行資源的整合。如果沒有祿星加持就如同單兵作戰沒有資源可控。因此，天府星座有會到祿星才能夠有一個強而有力的格局。

2. *如何取得天府星座的芳心？*

天府星座，就是一顆帝星。身上自然會有一些霸氣與沉穩的氣質存在，天府星座是一個天生的高階管理人，但是個性是相當溫和的，為人又很講理。因此，天府星座就是天生的高階管理人。

天府星是顆財庫星，如果你要討天府星的歡心，要讓他／她感覺到對財有安全感，這個部份與武曲星有點像，但是武曲星是偏向現金流水的部份，天府星是偏向存錢這一部份，所以天府星若是存不了錢會有極大的不安全感，所以你與天府星座相處就要好好的讓他／她把錢給打理好。

3. *天府星座是怎樣的感情觀呢？*

天府星座的感情觀，有一些保守的因素在裡面，面對婚姻即使有很多難以調適之處都會努力去適應。天府星座天生就很適合當一個好先生好妻子，個性穩重有責任感，又很有金錢觀，是一個非常適合持家的對象，對於另外一半要求也不低。

在感情觀這方面，天府星座很重視感情的穩定程度，覺得情感穩定才能處理其他生活的瑣事。從現代的眼光來看，天府星座都有幫夫／幫妻運的特質，那是因為他們不僅能自我要求，也會進一步要求另一半，感情美滿對他們而言還不夠，事業、地位的成功才是天府星座人生的目標。

“舉個例子”

天府星座
武曲星座
在子位的女性

夫妻宮是破軍星座

這一組雙星組合（天府星座、武曲星座同坐）的人，表達力特別強，有生意頭腦，而為人特別小心謹慎，行為保守，人生價值觀比較偏重物質方面。这種性格因為過於保守不適合創業型的老闆，但是也是個非常稱职的高管。

天府星座、武曲星座的人很重視事業與個人發展，而夫妻宮是破軍星座，配偶在個性上同樣也是一個重視工作的人，但是不同的是配偶個性上會相當執拗任性。再加上天府星座、武曲星座的人欠缺生活情趣，因此夫妻感情在人生旅途中難免會經歷考驗。

4. 誤區→庫星坐命一定有錢嗎？

很多人對於紫微星座或天府星座這樣強勢的星座很容易產生一個天大的誤會，總是認為這種命格的人好像什麼都不用做了，一定天生好命。認為既然是帝王星坐命一定會資源豐厚，呼風喚雨，總是比一般人好命的多了。

其實這樣想就大錯特錯了喔，天府星座坐命的人雖然是庫星，但是其實只是強調這樣的命格會特別重視財務上的穩定度，因為財務的穩定度能帶給當事人心態上安穩，不至於對生活充滿不安全感。至於人生過程是不是順遂？是不是會發財？ 這還是要看大運的喔！

陰

太陰星座

代表月亮與不動產

形象特徵	個性	五行屬性
掌理田宅的房產之星 代表母、妻與女 主收藏、收斂，象徵「富」	⊕溫柔、斯文且優雅 ⊕體貼善解人意 ⊕特別重視家庭，孝順顧家 ⊕愛乾淨	水 
主星		
中天主星		

黃飛虎的妻子 賈夫人

在封神榜的傳說當中，太陰星座所代表的是紂王的大將軍黃飛虎的妻子──賈夫人，而賈夫人是一個很優雅的美女，在妲己的陷害之下受到紂王的脅迫而為了自保而跳下摘星樓，因此被封為太陰星座，象徵優雅、溫柔、高雅的形象。

工作型態

快樂工作型

愛情風格

細緻關心型

星座特質

太陰星座本身是田宅宮的代表，主靜，主收斂，主收藏。也是月亮與財星之一的化身。太陰星座坐命主快樂享受，喜歡遊山玩水跟戶外休閒活動，對於美感及有情調的事物很有興趣，比如：插花、茶道、烹飪、繪畫、聽音樂等文藝活動，出外旅遊機會也特別多。

優點

太陰星座進入你的命宮，說明了你是家裡面的貴人，因為孝順顧家的關係，很重視自己與家人的關係，與互動。也願意花很多心思在家人身上，親情是太陰星座的人生的重點。

缺點

太陰星座進入你的命宮，容易造成你情緒上的波動，尤其是對家人更容易情緒化，講話也更直接，絲毫不加掩飾，認為因為是家人更應該理解你，這很容易造成與家人的小小不愉快。個性上喜歡安逸，對於事業工作沒有太多的動力，覺得能把工作完成份內的事情就好了。

8 代表月亮與不動產＿＿太陰星座

太陰星座也是代表月亮，在東方的占星術裡面，月亮的亮度也關係著個性，五行屬水，就是月亮的化身。它為掌理田宅與房產之星，代表著母親、妻子與女兒，記得有一首兒歌是住這麼開頭的：「母親像月亮一樣，照耀我家門窗，聖潔多慈祥，發出愛的光芒……。」是的，所以用月亮來形容母親再貼切不過的了。這個星座，是個性很細膩的星星，像月亮一樣默默的照耀著大地，重視家人重視親情的特質，在小時候就看得出來，也很貼心，能夠理解家人的用心。因此對於家庭特別重視，有孝順顧家的特質。

個性上喜歡詩情畫意的生活，為人相當體貼而且斯文，善解人意，加上配合性高，在團體生活中算是個合群的人。凡是小心，甚至有點吹毛求疵。喜歡穩定安定的生活。但是耳根子軟，容易造成優柔寡斷的現象。

重點整理

⊕太陰星座代表乾淨、田產。
⊕太陰星座為田宅宮主，居田宅宮為得位，主房產多。
⊕太陰星座旺地比落陷更有福，會享受，找快樂，重感情。而失輝必凶，則會力不從心，感情不順。
⊕太陰星座旺地，代表著富貴。
⊕太陰星座代表母親，但太陰失輝則受制代表與母親緣份淡薄或代溝。
⊕太陰星座廟旺加會左輔，右弼，有福氣、有管理能力、有貴人助。
⊕太陰星座失輝加會左輔，右弼，為人隨和。

1. *太陰星座的輔助星有哪些？*

太陽星座愛面子，重名不重利，而**太陰星座則相反，重視實際**。而太陰星座與太陽星座一樣很重視是不是位置的旺弱喔！太陰星座從申宮到丑宮是屬於旺地，旺地的太陰星座六親緣份與資源會更濃。

另外，太陽星座與太陰星座都需要特別注意三台、八座這兩顆星時，如果在三方四正中遇到了。太陽星座與太陰星座則會在星盤上往前兩格，因此會有亮度提升或下降的問題。

2. *如何取得太陰星座的芳心？*

太陰星座的人很特別，越是把你當自己人，性子就越直接，認為只要是親近的人就應該會瞭解他／她的個性，所以很容易對家人有脾氣或者有情緒。

但是，太陰星座的人心思很細膩，對於家人的要求都會儘量去做，畢竟太陰星座就是家的貴人，家裡的大小事情都是他／她的事，嚴格來說，家裡有個太陰星座的家人也是一種福氣喔。另外，太陰星座有性子急而行動慢的特色，所以當你們出門約會的時候記得多點耐性喔！太陰星座其實很浪漫多情的，但是偶爾也會不看場合而說錯話，他／她對於那種會貼心為他／她著想的人會心動萬分。

3. *太陰星座是怎樣的感情觀呢？*

太陰星座的個性有一股溫柔婉約的感覺，男性通常文質彬彬很受到異性的喜歡，對朋友很親切，對喜歡的人會特別的浪漫多情。在感情方面，以精神為重。那種聰明機靈、熱情大方的異性很容易吸引你，尤其欣賞那種做事、有想法、有魄力的對象，更能讓你傾心，甘心情願為之付出。

機智靈巧的天機星座，熱情積極型的太陽星座，成熟穩重的天梁星座，天真浪漫的天同星座，這些都是很容易讓你受到感動，覺得有安全感的標準對象。

“舉個例子”

太陰星座
在卯位的女性

夫妻宮是天機星座

這個位置的太陰星座個性上處事較不積極，個性柔弱。外出運佳，適應性強，人緣好。落陷的太陰星座通常年少即出外打拼，因此難免奔波辛苦，與父母緣份不深，但是仍然相當重視家庭。

太陰星座的人對於感情容易斷斷續續，藕斷絲連，因此時常有感情困擾。而夫妻宮為天機星座，配偶的個性上也帶有不穩定的因素存在，聰明卻容易浮動，並且對家庭責任感稍差。因此在天機星座夫妻宮容易造成離異的現象 ，因此習慣上多半建議晚婚來避免。

4. 誤區→太陰星座的人一定有很多不動產嗎？

因為太陰星座是田宅主，又象徵不動產。因此這個形像會讓很多人誤會總覺得太陰星座坐命的人應該很好命、有很多不動產。

其實應該說，太陰星座坐命的人比起一般人更有不動產的緣分。而且旺地太陰星座也比落陷的太陰星座有更多的家庭資源，通常會有來自長輩的餽贈或繼承。

當然單單是這樣的條件就已經讓好多人羨慕了，不過到了退休時會不會有很多不動產，這完全要看每個大運的累積了。因此，太陰星座坐命的人不一定有很多不動產，但是機會點確實是比其他星座多的。

狼

貪狼星座

象徵桃花與才藝

形象特徵	個性	五行屬性
智慧星，是職掌禍福及解厄之神，代表慾望、桃花與多才多藝	⊕能言善道，勇於表現自我 ⊕生性熱情活潑 ⊕嘴巴甜、聰明、細心	木 
主星		
北斗星		

商紂王寵愛的王后 妲己

在封神榜的傳說當中，貪狼星座所代表的人物妲己，也就是故事中的九尾狐狸精。雖然在故事中這個人物好像是壞事做盡的形象，但是我們要的是貪狼星座給人的形象是多情浪漫、主觀強烈、異性緣佳、多才多藝、多變取巧等這些意思存在，也代表人類的貪念及慾望，因此在封神榜中蠱惑紂王的妲己即被封在貪狼星座，代表慾望之神。

工作型態

開心目標型

愛情風格

玩樂主義型

星座特質

此星富極強之生命力，能夠吃苦耐勞，主其人慾望頗強，貪狼就是有貪者，貪心、貪吃、貪喝、貪玩等，貪的狼性，像經濟學說的，慾望是進步的原動力！但也跟宗教特別有緣分。存錢的觀念比較差，也很重視外表，也是蠻重視物質生活的一群，有著享樂主義的精神。

優點

貪狼星座的個性有貪的本質，因為如此成為源源不絕的原動力。天生的聰明再加上本身的貪學，通常能得到很好的學習效果。貪狼是慾望之星，人類對於最原始慾望的表徵，如果說破軍是改革創新之星，那貪狼星座便是來自人心七情六慾，才會有不斷的創新與發展。

缺點

- 貪狼星座有貪多，嚼不爛的特質。學習過程中，個性上比較躁進，對於學問很想一蹴可及，卻又因為持續力不佳容易放棄而造成虎頭蛇尾，對於如此聰明的貪狼，很可惜。這也是學習上很大的問題。
- 貪狼星座是一個很愛表現自己的星座，不管在哪個地方，永遠能聽到你的聲音，實在沒有辦法可以讓你忽略你，但是，卻因為常常講錯話，而讓人際關係有了陰影。

9 象徵桃花與才藝___貪狼星座

貪狼星座是北斗第一星，五行屬木，卻帶有水性，是一顆智慧星、職掌禍福及解厄之神，當然也代表人的慾望、大桃花、多才多藝之星，重感情，貪酒色、貪得無厭、八面玲瓏。

喜好文藝，對美的感受力強，對色彩、藝術特別有興趣，尤其是針對有文化、傳統的特質，舉例說：國學、國樂……之類。很有藝術天份，學習上特別容易，但是專業技藝還是要有堅持有毅力。

能言善道，勇於表現自我的貪狼星座，生性熱情活潑，嘴巴超極甜的。常為身邊四周的人帶來活力、聰明、細心。因為第一大桃花星入命宮，異性緣極好，如果善用桃花特質很適合往演藝路線發展。男女皆容易喜歡沾惹一點酒色財氣。

重點整理

⊕貪狼星座代表桃花，禍福。
⊕貪狼星座為北斗星，禍福之神，桃花星。
⊕貪狼星座遇吉星則代表富貴，遇凶星則代表浮華。
⊕貪狼星座性剛威猛，隨波逐浪，愛憎難定。
⊕貪狼化祿：善交際，善體人意，有人緣，有偏財。
⊕貪狼化權：有作為，會交際，有桃花。
⊕貪狼化忌：不實際，空想多。
⊕貪狼加會左輔、右弼：敢賺敢花，管理能力強，善應酬交際。

1. 貪狼星座的輔助星有哪些？

1-1 **貪狼星座遇到空星**，空星是指截空與地空。貪狼星座的特質將產生質變，性格會更傾向宗教活動、哲學思考、收藏古物等性質。

1-2 **貪狼星座逢祿存星為習正**，這是什麼意思呢？因為貪狼本身有慾望，魅力的特質，所以貪狼坐命逢桃花星不論男女都是魅力四射的人。但若是同宮有祿存，能會讓星盤的主人在處事原則上會有更多的拿捏，所以不至於在行事風格上太激進。不過，這也會讓貪狼對於宗教或五術類感興趣，甚至中晚年後會去追求養生法門及窮究因果之道。

2. 如何取得貪狼星座的芳心

貪狼星座坐命的人天生有一股喜歡曖昧的特質，對喜歡的人就很能散發熱力與展現魅力，讓對方無法忽視貪狼星明確的展現喜愛的感覺。所以，你可以很清楚的知道是不是可以和貪狼星座做進一步發展。

而貪狼星座的人對於物質與生活品質是有所追求的，那如果你喜歡上一個貪狼星座的人，怎麼討對方的歡心呢？挑個品質好、氣氛佳的餐廳是約會的必要首選，讓貪狼星座的人享受和你相處的每一份時光是重點，或者安排高雅的藝術活動也會讓對方很心動的。而必要的節日也不要錯過表現的機會，送點高端名牌可以滿足一下小小的虛榮心也是不錯的選擇！

3. 貪狼星座是怎樣的感情觀呢？

貪狼星座本身就是個大桃花星，當然個性上比較會有浪漫的情懷，對感情的感覺也比較重視，難免也會有多情的現象出現。

「貪狼星座」本身也是慾望的象徵，個性外向而且感性，對感情與愛情極為濃烈。貪狼星既然在十四顆主星中稱為「桃花星」，也是主桃花星，不論男女，貪狼星座的桃花則很外露，即使是一個剛認識的朋友都能感覺他／她放電的威力。

貪狼星座嚮往浪漫的戀情，很相信緣分，對於喜歡的人很容易一見鐘情。這完全就是感覺對了，什麼都對了，當然愛情也就來了。讓貪狼星座喜歡的異性很多，但真正能讓貪狼星座掏心掏肺去為之付出的要是那種敢愛敢恨型的星星，或者氣質出眾，處事沉穩有條理的人，這才是貪狼星座會鍾情一生的對象。

“舉個例子”

夫妻宮是廉真星座、天府星座

貪狼星座在子、午宮坐命的人，個性上工作小心謹慎，不會輕易換工作，外表看起來很活潑也很放得開，其實心思非常細緻也沒有外表看起來開放。貪狼星座有雙五行屬性，而子位是水位，因此這個位置的人更能發揮個人特長與才藝。唯獨個性上定性較差，喜歡空想，但是很有才華，社交能力強。

貪狼星座的人對於異性很能發揮曖昧的特質，很容易引人異性的注意，因此貪狼星座才有第一桃花星的美名。而夫妻宮為廉真星座、天府星座，配偶的個性上也長袖善舞，但是性格更穩定。因此辰戌位的夫妻宮「廉真星座、天府星座」這樣的結構穩定 ，就算夫妻間相處不和 ，也通常不會離異。

貪狼星座
在子位的女性

4. 誤區→殺破狼的個性都很衝嗎？

什麼是殺、破、狼呢？

就是七殺星座、破軍星座與貪狼星座這三顆星座。这一組星座通常通稱為殺、破、狼，那是因為這一組星座的任何一顆星座在命宮，三方的團隊一定是殺、破、狼这一組星座所架構而成的。

常常聽到殺、破、狼是吧？

這也代表著普遍上認為這一組星座的性情相當敢衝、敢要、性情上主觀意識特別重也特別霸氣。因此習慣上不管當事人是其中哪一顆星座坐命的，都有人會說「你是殺、破、狼的喔！」。

貪狼星座應該是殺、破、狼這三顆星當中最不衝的星座了，按照辛苦的順序，應該是破軍星座、七殺星座、貪狼星座。雖然，這個忙碌程度比機、月、同、梁這一組星性來的忙碌許多，但是貪狼星座比起七殺星座或破軍星座穩定度更高一些，也更有機會在大機構裏面好好任職到退休階段。

天相星座

化身爲宰相

商紂王朝中全才、忠誠的臣子 聞太師

形象特徵	個性	五行屬性
象徵官祿與宰相之星 衣食享受，重視吃與穿	⊕能力強、人緣好 ⊕做事有計劃 ⊕年輕時玉樹臨風 年長時穩重沉著 ⊕充滿對異性的魅力	水 
主星		
南斗星		

商紂王朝中全才、忠誠的臣子 聞太師

在封神榜當中文武全才、忠心耿耿的商紂王臣子聞太師即為天相星座之化身，是紂王的忠臣之一，代表著慈愛與服務的精神。為了保住商朝江山而不斷的與周武王等人進行對抗，最後的結果卻是戰死沙場。其所代表的意思有正義感、同情心、頑固、不妥協等意思。

工作型態
售後服務型

愛情風格
重視契合度

星座特質

天相星座能力強、人緣好、做事有計畫，年輕時玉樹臨風、年長時穩重沉著，充滿對異性的魅力。天相屬水，本身就帶桃花色彩，所以感情方面比較豐富，容易造成感情困擾或糾紛的現象。

優點

你天生就有強烈的服務特質，因此你不是那種重利之人，你覺得服務更重要，做生意是長遠的，除了要有變現的價值之外，更要好好運營，才能讓價值體現出來。這個星星特別重視因人成事的特質，所以人際關係帶來的幫助很大。另外，你也具備充足的開創力，因為不館創意或當高層幕僚都有相當優勢。因為你給人的感覺相當穩重，相貌端正、謹言慎行、負責、忠厚老實、樂於助人、服務熱心，優雅樂觀，喜調解紛爭與平衡心態，所以人際關係很好。

缺點

你有一點過度熱心的特質，雖然你的個性很好也不會勉強他人。但是偶爾還是會因為熱心的關係遭受到一些是非誤會。個性上沖勁稍嫌不足，明明很多生意機會，不知道為什麼就是會拖三拉四的，讓一些好機會溜走！個性上好管閒事又會怕事，雖然行事方正而不夠圓融，容易遠離層峰核心。

10 化身為宰相___天相星座

天相星座是東方占星術裏面南斗星，五行屬水，是專司衣食享受的星宿，簡單說，天相星座的人很重視吃與穿，但是天相星座並不是重視名牌的那種，而是喜歡材質舒服，品位講究的這個部分。

天相星座是官祿之主，也是掌印官，是中天界的宰相星，是輔佐皇帝的星星，因為是「印星」，因此就有掌握權利的特質。如同朝廷的大小事都要宰相過問後才能執行，因此就一定要蓋章用印，而蓋章用印是行使權力的象徵，所以也一定是皇帝的親信才能夠擁有。行事謹慎小心，奉公守法、規規矩矩。也因為要顧及與平衡各方勢力，以便政令得以順利推展，因此熱心奔走斡旋於團體當中，也就變成人人口中的「熱心人士」了。

天相星座這個星座，是一個宰相星。為人性格溫和又大氣，有特別的文質氣質，個性上給別人的感覺也特別溫和，有一種文質彬彬的感覺。但是，千萬別被騙了喔，你要是發起脾氣來，可是大家都擋不住的。你會給人一種溫柔似水的感覺，但是其實你的性格上時常有落落寡合，時常覺得自己就是有與他人不同之處。這種星星入命的人對於生活有自己的講究，例如：有習慣的被子、衣服材質的講究，雖不是一定要穿上名牌，但是一定要舒服。沒辦法為了美麗而不舒服就是了。

重點整理

⊕天相星座代表文書，衣食代表。
⊕天相星座南斗星，是事業宮主，居事業宮為得位。
⊕天相星座說話莊重得體，喜歡在上流社會交際。
⊕天相星座加會左輔、右弼，掌權柄，衣食無缺。
⊕天相星座加會文昌、文曲，有文采，有桃花。
⊕天相星座加會科、權、祿，有實力有作為，事業有成。

1. 天相星座的輔助星有哪些？

天相格局中，有一吉一兇的格局之說。

1-1 **吉者為財蔭夾印格**。凡天相星座受化祿和天梁星座在左右鄰宮相夾，便是財蔭夾印格，最正宗的化祿，是巨門化祿，因為天梁星座，這顆蔭星必在天相的前一宮，而巨門星座必在天相星座的後一個宮位。

1-2 **兇者是刑忌夾印格**。何謂刑忌夾印？天相星座本身就是印的概念，那如果左右鄰居不和諧一定會對天相造成壓力，這就是天相星座受到化忌星和擎羊相夾。巨門星座化忌和擎羊相夾宮，是為正宗，對天相星座一生會遭受是非小人或者刑傷的問題。

2. 如何取得天相星座的芳心？

跟天相星座坐命的人相處其實很簡單，因為天相星座是一顆很隨和、很包容的星星，所以你可以開心的做你自己。但是，天相星座的人不喜歡太情緒化與太任性的個性，很不能接受公主病這種事，這看在他／她眼裡，會大大降低你在他／她心中的分數。除此之外，天相星座可以接受不同的個性展現，所以才說你可以開心做你自己。和天相星相處任何事情都能講道理的，即使在觀念很不一樣的時候，只要你能說服他／她，天相星座都可以接受的，不會為了情緒這種事情而堅持己見。

3. 天相星座是怎樣的感情觀呢？

天相星座有著謹慎踏實、思考周全的特質。因此天相星座的感情觀也會有著謹慎、冷靜，與小心的特質，在挑對象時會很注意，而且要求很高，生活上注重實質與品味，所以能讓天相星座看得上眼是很不容易的。

天相星座因為個性上已經偏沉穩了，所以欣賞到個性上幽默風趣與活潑的對象。另外，天相星座很重視婚後的甜蜜感與兩個人之間的溝通，因為家庭對天相星座是很重要的，如果婚後的家庭和諧度不理想，會讓天相星座產生失望的情緒。

“舉個例子”

天相星座在亥位的男性

夫妻宮是紫微星座、貪狼星座

這個位置的天相星座個性沉熟穩重，性情單純，容易相信他人。亥位的天相星座因為位於四馬地很適合往外地發展，但是容易遭受挫折，個性較不懼怕挫敗，創業通常能有所成。

天相星座的人的夫妻宮為「紫微星座、貪狼星座」是一組很有創意與能力的星座。很適合夫妻兩人一起建立事業能夠互相幫忙而有成就。為獨夫妻宮不宜再會到桃花星，容易在婚姻過程中有二心。

4. 誤區→財蔭夾印格很厲害嗎？

在天相星座的一種特殊格局中提到了財蔭夾印格，這個格局聽起來好厲害啊！意思是天相星座坐命宮的人，在左右夾攻有化祿星及天梁星相夾扶持，便是「財蔭夾印格」。

其實這個財蔭夾印格局，古書說一生主富貴榮華，嚴格上應該是說一生受貴人扶持不斷，在天相星座的夾宮，一邊是長輩而一邊是朋友意思就是能夠得長輩與兄弟朋友的幫助，換句話說就是當事者此生能夠有貴人相助。確實是一個很好的格局，這會讓天相星座坐命的人一生受用無窮。

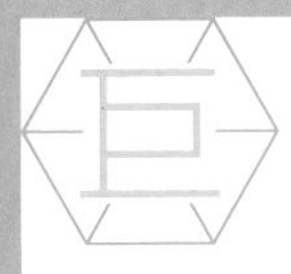

巨門星座

細膩、感情易受傷

姜子牙的妻子　馬千金

形象特徵	個性	五行屬性
暗耀星，主是非、掌疑惑多疑，乃陰暗之星	⊕溫良敦厚 ⊕朋友不多卻相當交心 ⊕博學多聞，心思內藏 ⊕說話犀利	水
主星		
北斗星		

姜子牙的妻子 馬千金

在封神榜中姜子牙的妻子馬千金即封於巨門星座，成為是非之神，掌理是非與疑惑。馬氏嫌棄姜子牙為飯囊衣架，只知飲食之徒！因此，逼得姜子牙寫休書。這子牙一時生氣，送了下面這幾句話給馬氏：「青蛇竹蛇口中牙，黃蜂尾後針，兩者皆不毒，最毒婦人心。」死後被封為掃把星。

工作型態

細緻研究型

愛情風格

溫柔陪伴型

星座特質

巨門星座因為星性化氣為暗，另外還有善明爭暗鬥的特質。有專門技能，有專研學問或技能的能力，多勞多能，但行事個性內斂而顯得不太合群，容易犯小人，有點神祕感，且性多疑善欺瞞，猜忌。口才犀利，人緣不算好，但是算的上朋友都相當交心。

優點

巨門星座的人通常心思都非常細密，個性耿直明快，個性非常處事謹慎也很小心，理解力強，個性中規中矩也直來直往。眼光銳利，口才極佳能有以口才取財的能力，有上進心。

缺點

巨門星座的人很容易恃才傲物，個性上多疑而且善辯，這種多疑的個性對任何人都一樣，巨門星座的人會藉由長期的觀察來瞭解一個人，也是個標準的刀子嘴、豆腐心。難得助力，不易服人。多疑真誠不足，反復無常，個性有喜歡明爭暗鬥的特質。

11 細膩、感情易受傷___巨門星座

巨門星座是北斗第二星，五行屬水，化氣為暗，是一顆暗曜。主是非，掌理是非與疑惑、多疑，五行屬癸水，乃陰暗之星，代表著猜疑、操心、憂慮。在紫微斗數中，巨門為暗星。所謂暗曜，並不是說巨門自己本身沒有光輝，而是它容易遮蔽別人的光輝，所以稱為暗。講一個簡單的例子，所謂遮蔽別人的光輝，最大的矛盾點是說話。在社會場合，單純的討論，一般人都會成為好的聽眾，但是，巨門就很容易突然間揭發別人的隱私之類的概念而產生一些衝突。巨門的另一個性矛盾點是多疑。由於這兩種性格，所以巨門的人際關係不佳，就是古書所說的六親寡合，交人初善終惡。

巨門的本質是溫良敦厚的，朋友雖然不多確相當交心。而且還博學多聞，但也因為它是一顆暗星，所以給別人的感覺會有心思內藏的味道，不過巨門的特質就是像黑洞一樣，不斷的吞蝕東西，反應在星性上我們也可以說巨門具有不斷吸收資訊與學問的特性，同時也代表口才，說話也是特別犀利，對親人很容易言語傷人，因此很容易衍生出口舌是非，是百分百的刀子嘴、豆腐心。個性上內心時常帶有一點憂慮，疑心病較重而且十分強勢，因此可以從事以口舌為業的工作，比如律師、銷售業務、公關、大眾服務、民意代表、命理師等職業。

重點整理

- ⊕空劫或截空進入該宮位，直接將巨門星性遮蔽。
- ⊕巨門星座代表是非。
- ⊕巨門星座北斗星，是非星，與人交往常常開始熱絡但是卻不歡而散。
- ⊕巨門星座做事負責認真，也容易遭人議論不滿。
- ⊕巨門星座加會左輔、右弼，衣食無缺，有貴人助。
- ⊕巨門星座加會文昌、文曲，有文采，喜歡講道理，感情不定。

1. 巨門星座的輔助星有哪些？

1-1 **第一個是太陽星的位置**。因為巨門星座有暗的特質（古書稱暗曜），它巨大又黑暗會遮蔽其他星曜而造成「暗」的問題。如果說命盤中太陽的位置在旺位時，這時的太陽光很明亮就可以驅逐巨門星座之暗，這樣巨門星座暗的特質便會少很多；相反的，若太陽在落陷位時，則巨門星座暗曜的性質便會更加顯現。

1-2 **巨門星座在三方四正會昌曲**，可以大大減少當事人的疑心病。

1-3 雖然常說祿存難解其惡，代表祿存星仍然無法解除當事人的疑心病。但是仍然可以增加星性的穩定度。

2. 如何取得巨門星座的芳心？

巨門星座的個性要麻就耿直明快，要麻就悶不吭聲。個性上很害怕孤獨寂寞，希望平時有人可以訴說心事聊聊天，即使只是陪著也就心滿意足了。巨門星座喜歡溫柔體貼的異性，善解人意、最好能哄他／她開心的異性，那種活潑開朗的個性最容易得到巨門星的青睞，好像可以化解黑暗的一到陽光，如沐春風。如果你喜歡上一個巨門星座的對象，你可以放心做自己，只要開心的陪著他／她，其實這就是巨門星座要的簡單生活。

3. 巨門星座是怎樣的感情觀呢？

巨門星座有一些不利於感情的觀念，因為疑心病重，而研究心又相當旺盛，喜歡研究對方的行為邏輯。另外，巨門星座在情感面有點感情潔癖存在，對於對象出現感情的猶豫或精神出軌的現象是很不能接受。

其實感情真的很難說得清楚，但是當感情出問題的時候，巨門星座的人卻希望能給對方曉以大義，巨門星座實在太能說了，但是感情本來就不是可以講理。

除此之外，巨門星座實在有很多優點。對另一半是極其重視，會默默觀察對方的需要，默默的付出，這是一個用實際行動對待感情的一顆星。

"舉個例子"

巨門星座
在戌位的男性

夫妻宮是天機星座、太陰星座

在戌宮位置的巨門星座，個性上雖然理想很高，容易不切實際，性格上也比較情緒化。因為戌宮巨門星座會到了旺地的太陽，能將空想轉化成實際的執行力，也願意辛苦腳踏實地，因此通常人生過程中都有很不錯的成就。

巨門星座的人的夫妻宮為寅申位「天機星座、太陰星座」。巨門星座的男生一定會優於女生，因為夫妻宮有雙星 「天機星座、太陰星座」，代表老婆是一個賢內助 。缺點是這一組星性在性格上敏感又容易情緒化，因此這樣的婚姻結構雖然是一組很好的組合，但是會容易有風波。

4. 誤區→祿存難解其惡，什麼意思呢？

這一篇讀下來，會不會覺得巨門星座不好相處啊？巨門星座的個性多疑又容易猜忌，性格慢熱，講話還容易得罪人。說實在話這種個性還真麻煩，但是巨門星座只要認同你了，你就成為巨門星座一輩子的朋友了，巨門星座對於朋友是相當仗義的。

所以，這裡說的「祿存難解其惡」就是這個意思，通常大家都很喜歡祿存星的，因為祿存星代表著資源與財祿。但是偏偏祿存星對於巨門星座而言，是幫助不大的，因為巨門星座多疑與猜忌的個性是需要旺地的太陽與文昌、文曲才能化解的，祿存星並不能幫助巨門星座化解多疑與猜忌的性格。

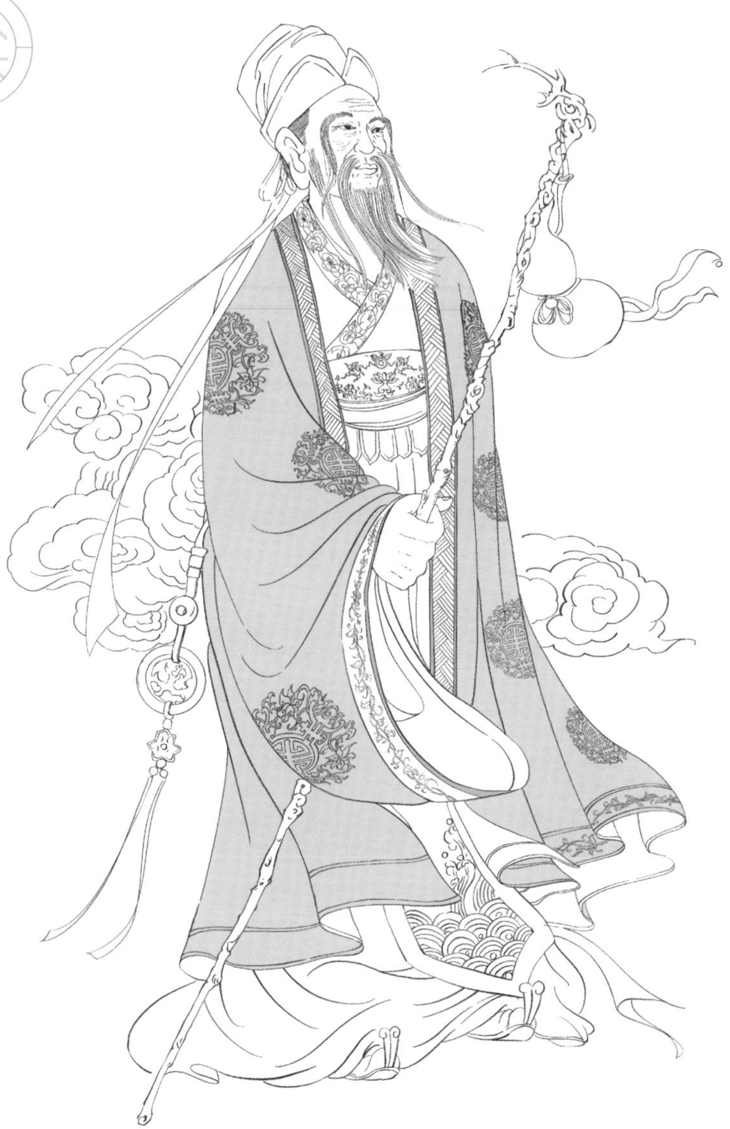

梁

天梁星座

充滿專業性卻容易碎碎念

周武王大將，托塔天王 李靖

形象特徵	個性
蔭星，象徵保護與照顧，代表醫藥與中醫	⊕溫和善良，喜歡照顧他人 ⊕膽大心細分析能力強 ⊕嚴肅，笑容不多
主星	
南斗星	

五行屬性

封神榜傳說

周武王大將，托塔天王　李靖

在封神榜的傳說中，天梁星座所代表的人物是托塔天王——李靖。周武王的大將，這也是我們耳熟能詳哪吒三太子的父親。其軍紀嚴明，奉公守法，絕不徇私。在封神榜中是唯一，在生前就受到策封為神的人。受封於天梁星座，成為一個掌管紀律，有著固執的神祇。

工作型態

專業研究型

愛情風格

無限支持型

星座特質

天梁星座本身就老成持重的關係，所以臉上表情嚴肅，笑容不多。但是這樣的天梁星座卻是一個心慈心善的人，會看不慣別人橫行霸道，容易愛管閒事，直腸子一個，也因此而會經常得罪人，惹人怨懟，盡做些吃力不討好的事。

優點

天梁星座入星盤的命宮代表天生就有解厄制化的能力。不過，天梁星座的人雖然一生遇到不少事情與災難，但是最終都可安然度過，這是何等的逢凶化吉的優點啊。只是事情偏多、心力交瘁，壓力頗大。心性慈善，做事穩定，正直無私，遇到事情果決有機謀。

缺點

一般來說，天梁星座入命的人，比較不適合做生意。因為個性本質有孤剋的味道，個性不圓融，容易得罪人，因此宜做公務員或在大公司機構內任職。若要做生意可以與人合作，自己退居幕僚或監督的位置是比較好。另外，這個星星因為聰明，對數字有概念。天生對博弈就有天分，偶爾會小賭小玩的現象多。

12 專業、容易碎碎念＿天梁星座

天梁星座化氣為蔭，五行屬戊土，天梁星座也是一顆父母星，所謂的蔭星就是一種保護、照顧的意思，天梁星座做命宮的人跟長輩特別有緣份，也能夠受到特別多的照顧，但是也代表容易對家人或朋友過度關心，對家人與朋友有管太多的現象。

天梁星座的人個性上會很成熟、展現出老練、做事穩重的氣質，天梁星座的性格其實很好，有著溫和善良，喜歡照顧他人、膽大心細，分析能力強這些特質。但是，臉上的表情總是很嚴肅，笑容也不多，小時候就會有大哥大姐的樣子，頗有老成持重的味道，喜歡照顧弱小或比自己年紀小的人。長大後容易得長輩提攜。看不慣別人橫行霸道，容易愛管閒事，直腸子一個，經常得罪人，惹人怨懟，常做些吃力不討好的事。

天梁星座坐命宮的人通常心腸很良善，仁義慈祥，個性上對醫藥與中醫有興趣與研究特長，個性清高，對金錢不是個很計較的人，注重生活的品位與物質水準。個性上不適合經商和財務工作。事業選擇上很適合有專業特長與研究精神的工作。

重點整理

⊕天梁星座是個愛照顧人的孤獨星座，六親緣分較淡。
⊕天梁星座有老大作風，喜高級生活，受人敬重。
⊕天梁星座加會左輔、右弼，生活經歷豐富，樂於助人。
⊕天梁星座加會文昌、文曲，有文采學問，說話有道理，適合公職，文化事業，監察。
⊕天梁星座加會天魁、天鉞，能夠結交有地位人士，有貴人相助，宜公職，文化事業。

1. 天梁星座的輔助星有哪些？

1-1 **天梁星座性質上為孤剋之星，因此喜歡旺地的太陽照耀**，此時個性孤剋性質會收斂。如果太陽不在旺地照耀這時候就不能解孤剋之性，因此人緣不佳，性情爽直，鋒芒太露，個性非常容易得罪別人，成為人生的致命傷。

1-2 **天梁星座在命宮或福德宮和地空、地劫、華蓋等相會**，個性上在晚年會特別喜歡宗教信仰，宗教信仰包括佛教、道教、基督教、天主教等等。如果有化科、昌曲等文星輔助，還很有機會成為宗教的心靈導師。

2. 如何取得天梁星座的芳心？

天梁星座其實個性會比較嘮叨，時間久了可能會讓你有點吃不消，但是可以多多想一下天梁星座優點，你就可以瞭解天梁星座有著忍耐良善的本質，真的是由衷的為你設想，說真的，這樣的人確實非常難得。當你瞭解了天梁星座的優點，一個沉默、忍耐，無限付出的對象，在生命中有這樣的人都是很大的福氣。

你只要開開心心的和他／她相處，把該煩惱的事情交給他／她，這樣的天梁星座很樂意陪著你一起到處去，不失為一個好伴侶喔。天梁星座本身有一些嚴肅的成份存在，所以如果遇到個活潑俏皮的異性是很容易心動的，又能夠一起開心過生活的對象會讓天梁星座失去招架能力，能夠輕鬆擁有了天梁星座的愛。

3. 天梁星座是怎樣的感情觀呢？

一般來說，天梁星座的感情觀很簡單的，但是，婚後還是有些問題存在，通常是因為兩個人溝通不良，說話容易有糾結而引起的。但是天梁星座離婚的幾率不會很高，因為他們多半會為了也都是為了家庭與孩子而堅持到最後的。

對天梁星座的男生女生來說，可以為了自己的家庭做出奉獻，婚姻磨難再多，都會忍下去，捨不得讓家庭不完整。天梁星座有著包容、忍耐與付出的感情觀，秉持著這樣的觀念讓天梁星座成為一個絕佳的伴侶。

"舉個例子"

天梁星座
在子位的男性

夫妻宮是巨門星座

這個位置的天梁星座個性相當沉熟穩重，性情孤僻，過於自認清高不喜同流常常招來是非。子位的天梁星座喜歡午位旺地的太陽來化解天相星座的孤剋特質，這可以讓天梁星座更熱心於鄰里之事，性格會活潑好相處。

天梁星座的人的夫妻宮為巨門星座。與天梁星座一樣都需要旺地的太陽星座來化解孤剋的特質。另外，巨門星座也主口舌與是非，因此在夫妻宮時夫妻雙方吵架是在所難免。因此習慣上多建議以晚婚或取個大一兩歲的配偶來化解。

4. *誤區→天梁星座的人都很長壽嗎？*

很多人認為天同星座與天梁星座都是很有福氣的星座，好像天梁星座的人都是九命怪貓，感覺很長壽也很有福份。

所以天梁星座坐命的人**很長壽**嗎？
所以天梁星座坐命的人**很有福氣**嗎？

天梁星座這個星座有一層很特殊的意義喔，就是這個星星的好處並不是隨手可得的。就像天同星座的好處也不一定是當事人想要的喔。

這是什麼意思呢？

4-1 來自長輩的天梁星座化祿→來自長輩的遺產。

4-2 自己命宮的天梁星座化祿→自己的保險金或是救濟金。

所以，這種好處並不是人人想要的。是不是感覺上都需要經歷些什麼才拿得到。是的。就連命宮是天梁星座坐命的人，感覺上也是很辛苦的，那是因為天梁星座本身就有孤獨與孤剋的味道。

七殺星座

張飛出現啦！

商朝鎮國武成王　黃飛虎

形象特徵	個性	五行屬性
上將之星，充滿肅殺之氣，象徵著威勇	⊕個性相當獨立 ⊕自尊心強，情緒上喜怒無常 ⊕執著、忍耐	金 
主星		
南斗星		

封神榜傳說

商朝鎮國武成王 黃飛虎

在封神榜的傳說中，黃飛虎本為商紂王旗下一名大將，怒髮沖冠為紅顏，在愛妻賈夫人為逃避紂王調戲而跳樓致死的哀痛之下，故起義參加武王伐紂的行列，死後被封在七殺星座，代表威嚴與激烈。

工作型態

勇往直前型

愛情風格

執著愛護型

星座特質

命宮七殺星座的人，個性相當獨立，志得意滿，自尊心強，不喜聽令於他人，所以常常導致情緒上的喜怒無常，陰晴不定。雖然如此，但亦有執著、忍耐的一面，所以不致與人結怨，樹立敵人。

優點

七殺星座通常具有一些很好的特質，有胸襟磊落，不畏挑戰，舉止大方，反應靈敏，行俠仗義，不拘小節這樣的優點，並且有威嚴可獨當一面，有毅力肯吃苦上進。因此在人生過程中通常可以有不錯的成就。

缺點

七殺星座本身就有一些比較暴的特性，個性上容易衝動，也率性而為，個性會特別冒險投機，不計後果，言語易起衝突，因為衝動而且耳根子軟就難以分辨善惡，歷經滄桑，孤獨難免。喜怒多變，做事進退失據，激烈剛愎易衝動。

13 張飛出現啦___七殺星座

七殺星座是南斗第六星，五行屬金，是火化之金，故有火、金之雙重特質，所以既然有火金的特質出現，可見七殺星座就充滿肅殺之氣，稱為上將之星。這裏的上將就是所說的將軍，與破軍的絕決之氣不的特質喔，管成敗、掌生死權柄，象徵「威勇」，個性剛毅果決，講義氣、大膽有開創性，有自我鞭策的沖激力。

七殺星座是一顆威震八方的將軍星，這不是衝鋒陷陣的將軍，而是指掌生殺大權統籌謀略的將軍，這意思是這一種將軍是偏向文職，著重計畫謀略與構思。也殺破狼的成員之一，殺破狼這個詞應該時常聽到吧，就是指七殺星座、破軍星座、貪狼星座這三顆星座。這三個星座各有不同的個性，而七殺星座個性上很有男子氣概，有點小粗魯，偶爾時常會不看場合的講錯話，這個星座特別適合從事行銷方面的行業，很適合創業當老闆，非常能夠吃苦耐勞！

七殺星座好勝心強，所以常不能忍受失敗的打擊，有時會因一次的挫敗，而一蹙不振，墮落下去，將懦弱、不敢面對現實的一面暴露無遺，然七殺星座確有異於常人之韌性，能夠在一無所有山窮水盡後敗中求勝而成就非凡。七殺是武將之星，所以較適合男命，對女命的傷害比較大，女命七殺星座，人生過程會比較辛苦，因為七殺有孤獨的性質。

重點整理

⊕七殺星座代表威權謀略。
⊕七殺星座以事業為精神寄託。
⊕七殺星座加會文昌、文曲，文武兼備，因氣質不合，遇事猶豫不決。
⊕七殺星座加會火星或鈴星錢財不聚，意氣用事。
⊕七殺星座加會擎羊、陀羅，事業受阻。
⊕七殺星座加會火星、鈴星、擎羊、陀羅、地空、地劫、化忌易生意外之災。
⊕大小限遇七殺星座主事業變動。

1. *七殺星座的輔助星有哪些？*

1-1 **七殺星座坐命宮的人，尤忌擎羊、火星，或擎羊、鈴星之組合。**紫微斗數有一名言，「七殺專依羊、鈴為虐」，說的就是這個。意思是七殺星座本身就帶有孤剋的性質，因此不應再會到擎羊、鈴星之組合，這樣的組合會加重孤剋的特質。

1-2 **七殺星座坐命宮，最喜歡見到天魁、天鉞，容易得貴人提攜扶持，**個性上光明磊落，有英雄氣概，具統御能力，因此得眾人支援。另外，七殺星座也喜歡會祿，化祿星會化解本身的孤剋性質。

2. 如何取得七殺星座的芳心？

其實跟七殺星座相處不難的，適時的陪伴與輕鬆的相處就是七殺星座要的，七殺星座不喜歡面對生活太鎖碎的事情，很多簡單的事情七殺星座會希望你能處理就處理，不要對七殺星座太碎碎念，很容易讓他感到煩躁。

而面對女生的七殺星座，你對她的全力支持會讓她很開心，尤其她對於事情與工作這一部份是非常的重視，如果有你的支持會讓她感受到你的重要性，也是因為七殺星座個性有女漢子的味道，個性上相當有男子氣概。

3. 七殺星座是怎樣的感情觀呢？

七殺星座在十四顆主星之中，個性最強，剛烈直爽，脾氣不會太好。而且不太善於表達內心，感情世界大都會有空虛的現象，所以七殺星座特別需要的是感情世界的溫暖。

此人對愛情要求很強烈，這個難題通常不是在於愛，而是在於掌控慾。七殺星座希望能夠付出一分，能有二分的回報，對於感覺上平淡回報不足的情感，會讓七殺星座對於感情失望的可能性，但是七殺星座的執著性格也會反應在感情上，就算感情不如意了也不會輕易放棄。

另外，七殺星座有很強的主觀意識，非常重視自己的感受，對於愛情有機會就會展開攻勢、進而主動追求。七殺星座喜歡擁有大格局，有氣度的異性，如果又能夠細心顧家持家，這種人最容易吸引七殺星座了，是理想中的完美對象。

夫妻宮是天相星座

這個位置的七殺星座個性相當衝勁十足帶有殺氣，開創力極強，是一個很特殊的格局，若有祿星則主奮發，也可調和七殺星座、廉貞星座雙星所帶來的陽剛之氣。

七殺星座的人的夫妻宮為天相星座，這代表著你的配偶通常是由舊識而變成伴侶，有可能是同班同學或者是街坊鄰居進而成為伴侶的。天相星座在夫妻宮是相當不錯的，有夫唱婦隨的味道。但是容易因為生活小事產生意見不合。

七殺星座
廉貞星座
在丑位的男性

4. 誤區→七殺星座是積富之人嗎？

七殺星座與廉貞星座，在古書上都稱為積富之人。先別高興太早，不要看到「富」這個字就開心了。「積富之人」這是什麼意思呢？

這有兩層的意思，一方面七殺星座與廉貞星座的個性都是比較節儉的性格，因此沒有爆富的條件，這兩個星座都是相當努力有衝勁的命格，因此需要從行運中慢慢累積財富。

而另一個，認為七殺星座與廉貞星座多半是生意人，苦幹實幹白手起家者，因為沒有家中資源因而需要慢慢積累財富，但是要注意個性上會有喜歡投資與快錢的風格容易造成錢財的損耗。

破軍星座

充滿英氣與江湖味

形象特徵	個性	五行屬性
將軍星，主禍福 專司夫妻與子息之星	⊕有冒險犯難的精神 ⊕勇於挑戰制度，敢於爭取 ⊕性情剛烈，個性豪邁	水
主星		
北斗星		

封神榜傳說

商紂王 帝辛

在封神榜當中相傳商紂王本把商朝治理得井井有條，但是卻因寵愛妲己而殺害忠良，這種荒淫無道之事，因而引起西伯的攻伐，商紂王卻因戰敗而自焚，因此紂王被封為破軍星座，這意思也是專管「破壞」與「消耗」的星星。

工作型態
超強業務型

愛情風格
疼愛細膩型

星座特質

古書上都寫：破軍星座，化氣為耗。這個耗的意思也不是不好喔，這也說明你是很有福氣的。破軍星座坐命家境多半不錯，多數都在小康以上。這個耗星也代表你必能運用家中資源，有福氣。另外，你會有一些習慣對生活用品損耗的速度會比其他人快一些，才體現出耗星的特質。

優點

在重視事業的開創同時，對家庭的照顧也不遺餘力，雖然你偶爾個性上會出現霸道任性的情況，但是，家庭還是永遠擺在第一位。對現實有不滿的心態，對破軍星而言個性上暴躁、衝動、勇敢，具有冒險性，然而也是正直、堅毅、有領導力受到周邊朋友的喜歡。

缺點

破軍星座的缺點就在馬不停蹄的衝鋒陷陣，沒辦法停下來好好休息。這樣對於身體確實容易出狀況，身體的膀胱、腎臟是相對比較弱的，要多多保養留意。破軍星座做命宮、身宮的人，你的人生動力比較強、相對的人生的起伏也是比較大的。權力、獨裁、消耗，武斷，霸道、私心較重、容易翻臉、不利守成、心情反覆不定，具有冒險患難的精神。

14 充滿英氣與江湖味___破軍星座

破軍星座是北斗第七星，五行屬水，化氣為耗，主禍福，專司夫妻、子息的星宿，這個意思是你很重視另一半與小孩，所以對於自己喜歡的人、事、物會費盡心思去努力爭取到手，展現出人性中真誠的一面，對於感情也是相當癡情。而破軍星座也是一個很重視小孩的星座，所以對小孩的包容度特別高，也特別的溺愛。

破軍星座是一顆將軍星座，衝鋒陷陣，個性上具有冒險犯難的精神，很具破壞性，那是因為破軍星座創意無限，也能夠勇於挑戰制度，敢於爭取，個性豪邁，江湖味濃，卻常常容易得罪人而不自知。在現在這種非常的時代裡，破軍星座的人，往往能發揮其剛毅、果斷、勇敢、正直這樣的優點與特長，是不可忽視之人。而這顆星也是創意之星、求新求變，全身上下充滿動力，先破壞再建設，開展性極強，適宜做事業的開路先鋒。現代的人就需要這樣的命格才會嶄露才華、發光發亮，功成名就。

重點整理

⊕破軍星座代表消耗與變動。
⊕破軍星座為北斗星，為人投機性重。
⊕破軍星座為孤獨之星，六親緣分淡薄，朋友少。
⊕破軍星座加會左輔、右弼，有管理氣魄語能力。
⊕破軍星座加會文昌、文曲，此星性氣質不合，有錢財不容易聚集的效果。
⊕破軍星座加會火星或鈴星錢財不聚，容易衝動破財。
⊕破軍星座加會火星、鈴星、擎羊、陀羅、地空、地劫，化忌，錢財易破，容易有疾病的苦惱。

1. 破軍星座的輔助星有哪些？

1-1 **破軍星座有一種很特殊的格局「英星入廟」**，在破軍星座位於子位或午宮坐守命宮，而三方四正遇有祿存星、化科星、化權星、化祿星，無煞星沖破。紫微命盤中有此格局者，具備著魄力與果斷，也膽于冒險。

1-2 在成立上述條件之後，進階的格局裏，**破軍星座若有遭空星破壞**之後，而三方四正遇有祿存星、化科星、化權星、化祿星，這便是「英星入廟」格局中的上乘格局。此格局被認為是能夠承擔大擔當之人。

2. 如何取得破軍星座的芳心？

破軍星座天生就有一顆很不安定的心，想追求自我，想追求事業，所以有一些很任性的個性。這樣的個性會讓另外一半很頭疼喔。應該說，破軍星座不是會屈就於現實環境的人，而且破軍星座天生就充滿自信心覺得自己能有大作為。因此另外一半需要很強的配合度與包容度。舉個例子，家裡到公司的路途會比較遠，那破軍星座就覺得應該住在離公司進一点的地方，那可能會不顧家理反對就決定搬家了。

3. 破軍星座是怎樣的感情觀呢？

破軍星座在十四顆主星之中，個性任性，喜好分明的一顆星。破軍星座面對感情可不大方，有一絲的靦腆與含蓄在裡面，在感情發展的初期會比較慢，面對異性不會太直接，但是如果對方的反饋是正面的，破軍星座就會表現出明顯而熱烈的感情攻勢，進而主動追求。

我們來分析一下破軍星座這個將軍的性格：

3-1 這個將軍會喜歡熱情自信又活潑的對象。

3-2 對另一半要求很高，喜歡有企圖心，有事業心的對象。

3-3 佔有欲很強，愛上一個人時，也會相對的希望對方也跟自己一樣有著濃烈地的愛。

3-4 當感情消失時，會想要發展新戀情。面對感情相當直接。

3-5 個性上我行我素，不太在乎別人的看法，喜歡競爭，容易發生意外的戀情。

4. 誤區→古書覺得破軍星座是很差的星座？

嚴格來說，這一句話是有點偏差的，古書的角度會喜歡一個循規蹈矩的星座，而破軍星座卻是破耗特別重並且任性有創意的人，因為破軍星座坐命的人用東西損耗速度都特別快。但是，那就不好嗎？因為古書常常把破軍星座與巨門星座說得很不好，其實破軍星座坐命的人很好命的，換個思考邏輯，能夠破耗是不是表示家中有資源讓破軍星座的人來使用呢？所以，破軍星座坐命的人通常家境都不差的。

認識自己最好的工具書

#認識自己

#看清別人

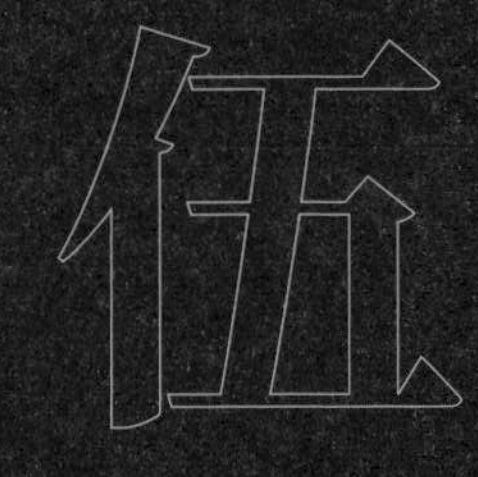

一　紫微斗數識人術

我們在第四章中有將紫微斗數的 14 顆單星進行了一系列的解說，那麼瞭解了 14 顆主星的特質與個性之後，你就可以好好運用紫微斗數識人術

西方星座有 12 個就是大家耳熟能詳的星座，黃道分成 12 個宮，稱為黃道 12 星座。依次為白羊座、金牛座、雙子座、巨蟹座、獅子座、處女座、天秤座、天蠍座、射手座、摩羯座、水瓶座、雙魚座。

而在紫微斗數的 14 顆主星就像西方的占星學一樣，也是分佈在黃道 12 宮當中，但是由於星座的組成不相同，因此成為 28 星宿，而紫微斗數將 28 星宿演化而成 14 個星座。依次為紫微星、天機星、太陽星、武曲星、天同星、廉貞星、天府星、太陰星、貪狼星、天相星、巨門星、天梁星、七殺星、破軍星。

這兩個體系的演算法差異甚大，但是都有一套很強的運算邏輯存在。而東方占星與西方星座一樣，每個星座都代表不同的性格與人格特質，這也就意味著我們可以透過紫微斗數的系統將每個人進行個性與性格的拆解與分析。

1. 看懂自己

看懂自己才能好好規劃自己的人生，我們常常在做決策的時候都是選擇自己想要的，而不是選擇適合自己的。把紫微斗數運用在自己身上是最好的一種投資，運用自己先天的優點與後天的運程，在最大限度規劃出自己想要的人生。

2. *看清別人*

在紫微斗數的應用當中，最簡單好用的就是識人術，這個部分不管是在公司的人事管理上或者自己在選擇職業的時候都能運用參考。

如果是在人事管理上面，可以運用紫微斗數的分析技巧將適合的人放在適合的職位上，是一種適人適任的管理哲學。

"舉個例子"

破軍星是一個勇往直前的將軍星，個性上是瞻前**不顧**後，是一個標準的業務人才，但是管理上手腕不佳而且對於預算之類也掌控不了。因此，把破軍星座放在業務單位的第一線絕對不會讓領導失望，若是當管理職則需要有左右手能幫忙觀前顧後。	破軍星→ 適合業務第一線
天相星是一個服務星，個性上非常重視團隊合作與服務的精神，那麼如果有這樣一位人才放在一個銷售服務單位是最優的，這樣的人會有責任感的把每一個顧客都服務好，相信貴公司的客訴會少很多。	天相星→ 適合售後 或服務單位
廉貞星是一顆公關星，個性上有非常靈巧的個性可以見人說人話，見鬼說鬼話，相當的古靈精怪。而長袖善舞是廉貞星的特色，因此，把廉貞星放在一個公關部門或者是發言人的角色，是相當的適任，一定能夠好好善用媒體資源得到更多的回饋，對公司有非常加成的幫助。	廉貞星→ 適合部門協調 事業或公關單位
天機星是一顆善算的星座，我們簡單的想像成一個軍師的形象，而天機星除了有善算的特質之外，對數字很有天份，因此這樣一位人才是不是可以放在公司的投資部門呢？天機星對於投資很有其敏感度，常常能幫公司發現一些特殊的投資標的。	天機星→ 適合投資 或幕僚單位

二　如何學好紫微斗數

還記得嗎？我們在第二章有整理了紫微斗數的學習順序。這裡來簡單說一下紫微斗數的三個學習階段：

紫微斗數的初階

學習以基礎星座個性、格局的分析為主軸。筆者認為其實這個階段很有樂趣，也是最好的驗證過程。通常親朋好友都是學習過程當中最好的物件，藉由對星座的認知來加強對於星性的瞭解。

紫微斗數的進階學習

則是以本命與大運兩個層面之間的轉動為主，進而分析這兩者之間的關係與聯動。

紫微斗數的深入學習

需要活用本命、大運、流年這三個層次的論斷之外，再加上斗君盤的運用與月份的精準論斷為學習方向。

學習要抱持怎樣的心態最好？

如果可以穩紮穩打的學習紫微斗數，再進一步去探求其他精深的學問，而後再回來揣摩紫微斗數更深的學習精神。一個文化傳承人一定要有一門能夠深入的學問，也許花一生的經歷來力求完善是很值得尊敬的。因為學習本身還是要探究到原點，如果沒有不斷的學習與實操，那麼雖然有可能會成為一個行家，也許天資聰穎有可能成為專家，卻一定不能成為大家或者是讓人景仰的大師。

紫微斗數本身就是帝王學術，在明清兩朝更是設有皇室專屬的欽天監，而能接觸到紫微斗數的人只限於皇族中人或是有皇帝欽點的官員。總覺得能學習到這一門學問是一種福氣，這種能預測、能論斷的天文占星系統，是一種難得可貴前人所留下的學習資源。

三 如何開始學習紫微斗數

1. *找到一位好師資*

學習這類的學問最難的就是找到一個好老師，因為高深的學問很難把它寫進書裡。以紫微斗數為例子，一但進入更深入的活盤案例，還真不是想寫就能寫的。就算小師姐匯總寫出來，可能看的人都會看得眼花撩亂了，還不能瞭解其中的奧妙。

所以，一位能領進門、能解惑的老師就相對重要，而這位老師還要德術兼具，而且要把德性看得比數術重要是因為有德性、有操守是一位師資的基本功，再來就是技術上的專研與引導，因此，身為師資這兩者缺一不可。因為有德無術，無法成為師輩，只能當朋友。而有術無德則難深交，無法成為終身的心靈導師。

簡單的說法，有一部功能卓越的好車再配上一部優質的導航，那麼就可以上山下海去了，在學習的路上少走很多冤枉路，也能帶你避掉很多坑。

筆者很幸運，在學習的路上都有名師一路指引，有系統有方法的學習讓整個學習架構更完整。因此，在這裡給年輕的學子一些建議，學這類的學問千萬不要目無章法的學習，最好能跟一些前輩多溝通、多瞭解，逐漸匯總出自己的學習曲線能讓學習過程更順利、更完整。

2. *多學習、多思考*

學習多了思考多了，就會很清楚什麼樣的師資是對的，什麼樣的方法是適合自己的。不然就算明師在眼前，也會視若無睹，庸師在天邊，仍然趨之若鶩的現象出現。學習的過程中需要很重視思考這個環節，時常都有如突然領悟了一般，尤其有些的教學方式通常會比較嚴謹，是需要多思考才能參透當時講課的重點。因此，多思考與多學習一樣相當重要。

3. 實踐勝過一切

藉由學習中的實際推論來加強對學術的驗證是相當重要的一環。紫微斗數非常需要驗證，尤其很多人對於自己的出生時間點有著很大得不確定性，這些都可以透過驗證來進行更嚴謹的確認。另外，藉由實操當中常常會有很大的進步與經驗法則，這時如果能將學術理論結合的更好就會在學習上有很大的收穫。

還有一點也很重要，實操可以補足了空間上的缺憾。舉個例子，文化與區域的不同往往解釋的方式也會有所不同。這個部分除了依照星盤所呈現的方向外，更需要結合當地的風俗民情。

這是在學習之前就要具備的方向。另外在細節方面，可以參考後面的附錄篇，在這裡有一些會運用到的基礎理論，從五行理論、十天干、十二地支都有粗淺的介紹。而第二章也有紫微斗數用詞介紹。這些基本功是在學習紫微斗數初期中需要使用的方法與細節。基本功如果根基扎實了，往後的學習就能更加事半功倍的。

附錄一

國學的輔助學習

一｜五行學說

若要追根溯源，五行的理論出現的時間點很早。**早在戰國時期，五行就是一門政治學，也是一門哲學系統**。下列是比較早期的記載資料：

《戰國・鄭語》「以土與金、木、水、火雜，以成萬物。」
《左傳》「天生五村，民並用之，廢一不可。」

《尚書・洪範》
五行：一曰水，二曰火，三曰木，四曰金，五曰土。
水曰潤下，火曰炎上，木曰曲直，金曰從革，土爰稼穡。
潤下作鹹，炎上作苦，曲直作酸，從革作辛，稼穡作甘。

「**水曰潤下**」代表了滋潤、下行、寒涼、閉藏的性質。
「**火曰炎上**」代表了溫熱、向上等性質。
「**木曰曲直**」代表生長、升發、條達、舒暢的功能。
「**金曰從革**」代表沉降、肅殺、收斂等性質。
「**土爰稼穡**」代表了生化、承載、受納等性質。

大自然中的五行，金、木、水、火、土，這五個元素憑藉著宇宙萬物生生不息的概念，來達到平衡的要件。五行的用法非常廣泛而且深奧，能運用你可以想像到的任何層面，例如：中醫、面相、占卜、哲學……等等。五行的概念非常廣泛，除了列出五行相生相剋外，五行也能對應上顏色、身體的器官、物品材質等等。

水	火	木	金	土

二｜五行的屬性

雖然五行的屬性代表了大自然的五種事物特質，金、木、水、火、土。但是，其實五行的特性已經超出了實際上所有的具象屬性，甚至已經到達了抽象的本質。因此，五行的引申意義非常好用，它可以代表器官、顏色、方位、行業、事物……等。為了好理解，可以參考下面圖表。

五行	屬性說明
水	具有滋潤、下行的特性。 **引申**→滋潤萬物、涼性、滲透等性質。
火	火為炎上。 **引申**→有炎熱、上升、溫熱等性質。
木	木曰曲直。 **引申**→生長、發展、柔和等性質。
金	有剛柔相濟之性，卻也有肅殺之氣。 **引申**→剛毅、收斂、沉降等性質。
土	土代表穀物與收穫。 **引申**→萬物生長、包容、承載等性質。

三｜五行相生與相剋

五行相生：木生火，火生土，土生金，金生水，水生木。
五行相剋：木剋土，土剋水，水剋火，火剋金，金剋木。

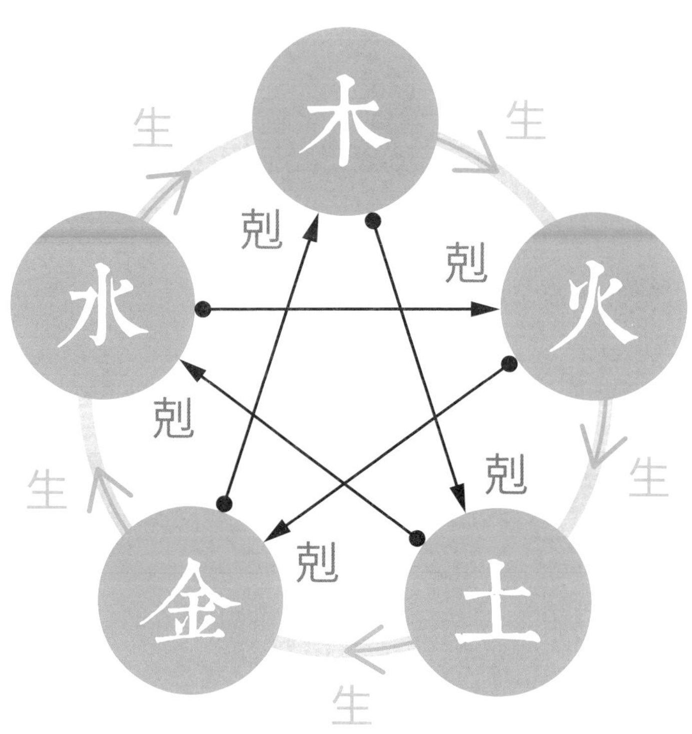

在五行相生當中，最重要的是萬物大地一股生生不息的概念。有助長、促進之意，也代表著五行之間互相滋生、互相助長的一種關係。而五行的生剋在國學的運用上非常重要，所有的理論都圍繞在這一個體系當中。

1. 五行相生

水生木：植物生長需要土壤，更是需要水。有一些植物是可以依賴水耕而生長。但是植物如果有土壤，而沒有水，便無法生存。

火生土：草木燃燒後得到的灰燼而變成土壤，因此而得到肥沃的土壤。

木生火：「木」本身就帶有溫暖的屬性，而古人利用木頭來進行鑽木生火。

金生水：是五行當中最不好理解的一環。在古人的認知中，金礦與河流有密切的關係，簡單的形容就是有金的地方必有水的存在。

土生金：一切礦藏都是在土裡形成的。換言之說，礦石生於大地。

五行相生解說

水 生木	火 生土	木 生火	金 生水	土 生金
				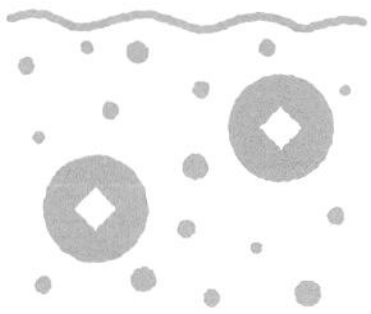
植物生長需要土壤，更是需要水。	草木燃燒之後，得到的灰燼而成為肥沃的土壤。	利用木頭摩擦生熱，鑽木取火。	在古人認知裏面，金礦與河流一直存在密切關係，簡單的形容就是有金的地方必有水的存在。	礦石生於大地，且礦石都是在土裡形成的。

2. 五行相剋

水剋火：用水滅火，最為具象的解釋方式。

火剋金：金屬熔於火。換言之，也是有火煉的味道。

木剋土：如同植物的植披，可以向下，往土裡紮根。防止崩塌。

金剋木：「伐木」，用的是斧頭，即是金屬。則為金克木。

土剋水：如同『水來土掩』這一句話，防止洪水潰堤則需要土來築堤。

五行相剋解說

水 剋火	火 剋金	木 剋土	金 剋木	土 剋水

四｜五行代表方位、顏色與神獸化身

這些概念都是相當相當有趣的。筆者透過這些圖解，希望讓讀者能在樂趣中建立觀念。不然，國學知識博大精深，要背的知識領域太多，如果能多用理解的方式，就能加強根基的建立。

五行	方位	顏色	神獸
水	北方	黑色	玄武
火	南方	紅色	朱雀
木	東方	青色	青龍
金	西方	白色	白虎
土	中央	黃色	黃龍

「左青龍、右白虎、前朱雀、後玄武」這句話想必大家都聽說過，在中國古代的四個神獸代表著四個方位，就是「青龍」、「白虎」、「朱雀」、「玄武」。

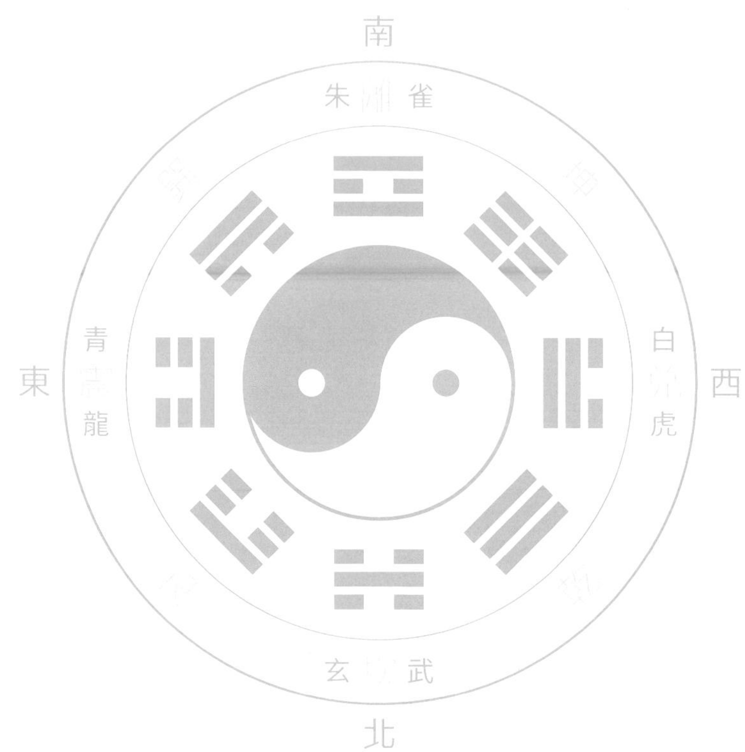

青龍屬木，位於東方
白虎屬金，位於西方
朱雀屬火，位於南方
玄武屬水，位於北方

那如何應用在住家的房子呢？首先，最重要的先要分清左右，才能判斷出四神獸的代表方位。

背對著房子，站在大門口向外看，這時左手邊就是青龍方，而右手邊就是白虎方。門口看出去的地方就是明堂，也就是朱雀方。而房子的後面就是所謂的靠山，就是玄武方。這是在我國傳統文化當中，用在建築中的廣泛方位學。

住宅的右邊稱為白虎位，而白虎位就是比自己住宅低短的小山或建築物，因為白虎是代表疾病，刑傷，意外的災害。因此若當道路在住宅的右側時比較好的。這個稱為「隔河望虎」，代表不會受到桃花或意外的威脅。右邊白虎位則代表著暗藏與小人，所以白虎位置是宜伏不宜高，而且一定不能高於龍方。

住宅的左方稱為青龍位，理論上最好就是曲折蜿蜒的山脈或建築群坐落在左邊。龍在中國古代為尊貴之神物，左邊青龍位代表權利、喜慶、事業、陽剛等，青龍方要高大並且完美無缺、熱鬧。

住宅的後方，稱為玄武位，這個圖有點象烏龜和蛇的結合體，象徵著強而有力的依靠。房屋後面的依靠叫做玄武，代表人丁、健康、長輩等，玄武位適合高大圓潤，雄偉壯觀，因此屋後有靠山則代表家中人丁興旺而且身體健康。

住宅前方的空地或小型建築物，稱為朱雀位。朱雀代表口舌、是非、官訟……等麻煩事。在中國方位學中說到，住宅的前面要留下一塊空地或是池塘，能夠有效阻檔朱雀的凶性。因此，大門前的朱雀方也叫「明堂」。

明堂是財運的代表，需要開闊、明亮、整潔、乾淨等等特性，如果明堂見水，或者有寬大的馬路則是富有的好格局。

五｜五行代表的行業特性

每一種行業都有它的屬性，有些行業還甚至還帶有雙屬性。這個部份對於想轉業或創業的人，能夠給到很好的建議。

五行	行業特性
水	**流動類：**漁業、水產、冷鍊、溫泉、進出貿易、超市超商、運輸快遞業等 **旅行類：**航海員、船員等 **表演業：**水族館、魔術師、馬戲團等 **其他：** 救生員、釣魚器具、 運動家、採訪記者
火	**光線類：**雷射雕刻、放射師等 **食品類：**食品加工、熱食、麵包烘培等 **製造加工類：**鑄造、電鍍、機械加工、手工藝等 **形象類：**理髮、化粧品、美妝等 **資訊類：**程式設計師、電子商務等 **燃品類：**油、酒、瓦斯、液熱等 **其他：** 化學類
木	**木材傢俱業：**裝潢、裝修業等 **植物養植業：**花卉培植業、樹苗培植業、植物栽種、茶葉、盆栽、竹子等 **服飾業：**成衣買賣、布料買賣等 **其他：** 政府機構、教育、文學、醫療、宗教、紙業、香料業
金	**金屬類：**鋼鐵業、金屬建材、金屬醫療器材、五金建材等 **通訊類：**電鎔、電阻、通訊零組件、光纖電纜業等 **金融類：**證券業、證券投顧、銀行業等 **其他：** 軍人、武術、礦業、珠寶營銷、工程業、電子類
土	**不動產營銷類：**房產買賣業、土地買賣、不動產投資等 **中間商：**房屋仲介、土地開發等 **代理業：**土地代書、稅務記帳等 **顧問業：**會計師、律師等 **大自然原物料售賣：**石頭、石灰供應商 **其他：** 土產、農畜養殖業

六｜十天干

天干是文化常常用來命名、排序、紀時的一種方式，早在商朝就已經開始這樣的命名基礎，其中最明顯的證據就是商朝領導的稱號，例如：主王、主癸、武丁……等。這十個天干符號被正式的命名，天干與地支有著密切的關係，在商朝開始出現天干與地支配合用以紀日，使用干支紀年要更晚一些。

甲、丙、戊、庚、王，屬陽。

乙、丁、己、辛、癸，屬陰。

天干	五行	方位	對應斗數盤位置
甲、乙	木	東方	寅、卯
丙、丁	火	南方	巳、午
戊、己	土	中央	巳、午
庚、辛	金	西方	申、酉
王、癸	水	北方	亥、子

甲：指萬物破殼而出，植物破土萌芽富有生氣的萬物。

乙：指萬物初出地面，呈現曲狀，萌芽向上。

丙：指萬物生長旺盛。

丁：指萬物成長快速，茁壯。

戊：指萬物生長最為茂盛。

己：這裏指植物開始屈曲其形，由盛轉衰。

庚：指植物開始枯萎衰亡，沒入土中。

辛：指萬物更新。

王：指大地調養生息。

癸：指大地閉藏於土，初初萌芽之狀。

七｜十二地支

地支為中國古時用來紀年的一種工具，分成的十二個部分，為子、丑、寅、卯、辰、巳、午、未、申、酉、戌、亥，這就是「地支」。每個地支也對應著一個生肖。12 地支再配合天干使用，則以 60 個為一週期，成為了 60 甲子。以上是簡單的介紹。

地支	季節	陰陽五行	生肖
子	冬季	陽水	鼠
丑	冬季	陰土	牛
寅	春季	陽木	虎
卯	春季	陰木	兔
辰	春季	陽土	龍
巳	夏季	陰火	蛇
午	夏季	陽火	馬
未	夏季	陰土	羊
申	秋季	陽金	猴
酉	秋季	陰金	雞
戌	秋季	陽土	狗
亥	冬季	陰水	豬

另外，地支有一些很特別的組合，會形成刑、沖、合、會、害。這些都是地支的基本理論，它們之間也存在一些特殊關係。這個部份在國學的基礎很重要，這裏就針對地支六合、地支六沖、地支三合、地支三會做簡單介紹，天干與地支在國學基礎範疇廣泛，有興趣的學者能加以研究。

1. 地支六合

寅亥合化木，辰酉合化金，午未合化火或土，卯戌合化火，巳申合化水，子丑合化土。

「地支六合」在《子平真詮評註》一書這是樣說：六合者，子與丑合之類，乃日與月建相合也。日辰右轉，月建左旋，順逆相值，而生六合也。

因此，「地支六合」的概念是來自於星象運動，這也是「地支六合」的依據。

由於地支裏所隱藏的「藏干」不同，這也會使「地支六合」之間發生很大的差異。比如寅亥則可以合化為木、辰酉則可以合化為金、午未則可以合化為土，這三組就很容易合而化之，因此又稱為「生合」，就是不需要外力的作用就能夠生合。可是像子丑合化土、卯戌合化火、巳申合化水這三組在合化就比較困難，因此稱之為「剋合」。

1-1 寅亥合木

地支寅木藏干分別是甲、丙、戊，並且以甲木作為本氣。而地支亥中的藏干是壬和甲，以壬水作為藏干的本氣。地支中寅亥相合，「壬水」生「甲木」，而且地支亥中的「甲木」又與地支寅中的「甲木」相聚，又增加了五行「木」的力量。

1-2 辰酉合金

地支辰的藏干是乙、戊、癸，並以戊土為本氣。而地支酉的藏干只有辛金，乾淨無雜氣。辰酉的相合，地支辰中的「戊土」生地支酉中「辛金」，以致五行金氣旺盛。

1-3 午未合土或火

地支午的藏干是丁和己，天干丁火是午的本氣。地支未的藏干是乙、己、丁，並以天干己土作為本氣。午未相合，地支午中的「丁火」生地支未中的「己土」，致使五行土的力量變強。

1-4 卯戌合火

地支卯的藏干只有乙木，而地支戌的藏干為戊、丁、辛，並以戊土作為本氣。卯戌的相合，地支卯的藏干乙木會克制地支戌中的本氣戊土，因此地支戌作為五行土的特性會被抑制。所以在卯戌相合中，只有地支卯中的乙木可以生地支戌中的丁火，而使得地支戌中的丁火有了到生發之機。

1-5 巳申合水

地支巳的藏干是丙、戊、庚，其中丙火是本氣。而地支申的藏干人元是庚、壬、戊，其中庚金是本氣。地支申中的壬水是方長之氣，力量還是比較弱的，所以常常是合而不化。

1-6 子丑合土

地支子中藏干只有癸水，其氣比較單純。而地支丑的藏干是己、辛、癸，其中己土作為本氣。子丑相合，地支丑中的己土以本氣之力克制地支子中的癸水，因此子水的力量薄弱受到抑制的。因此子丑相合非常難以合化。

2. 地支六沖

十二地支就是子、丑、寅、卯、辰、巳、午、未、申、酉、戌、亥。下方這個圖用來說明，在對面的位置就稱為「沖」。

「沖」這件事，不一定好，也不一定不好。

子午沖： 子位為水，而午位為火。因此水火相沖則必然激烈。

丑未沖： 丑位雖為土，但是暗藏著五行的金。而未位雖為土卻暗藏木。因此金木相剋帶來一種暗潮洶湧的效應。

寅申沖： 寅位為木，而申位為金。因此金木相剋有事倍功半之狀態。

卯酉沖： 卯位為木，而酉位為金。卯酉位形成金木相沖的效應。

辰戌沖： 辰位雖為土，但是暗藏著五行的水。而戌位雖為土卻暗藏火性。因此水火相沖帶來爭執或不協調的效應。

巳亥沖： 巳位為火，而亥位為水。因此水火相剋容易有意外與口舌的狀態。

子午相沖
丑未相沖
寅申相沖
卯酉相沖
辰戌相沖
巳亥相沖

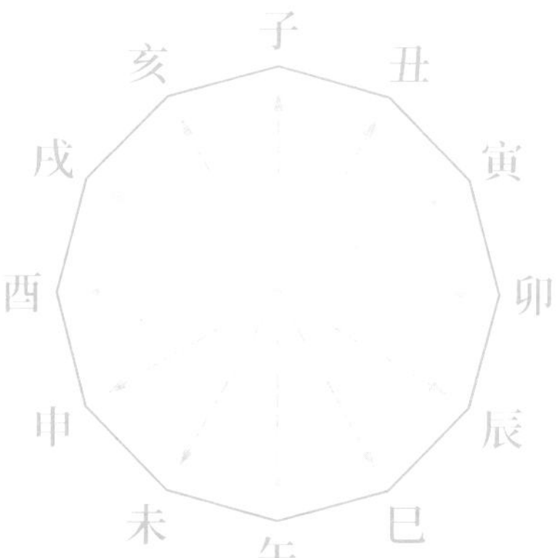

3. 地支三合

申子辰合化水，亥卯未合化木，寅午戌合化火，巳酉丑合化金。

4. 地支三會

寅卯辰會東方木，巳午未會南方火，申酉戌會西方金，亥子丑會北方水。

三會的力量是比較強的，相對的也比較嚴格，缺一不可。所以必須要三個地支為一組，同時出現，這樣的力量比起地支三合或地支六合都要來得強，這也是所有合局當中力道最大的一組。

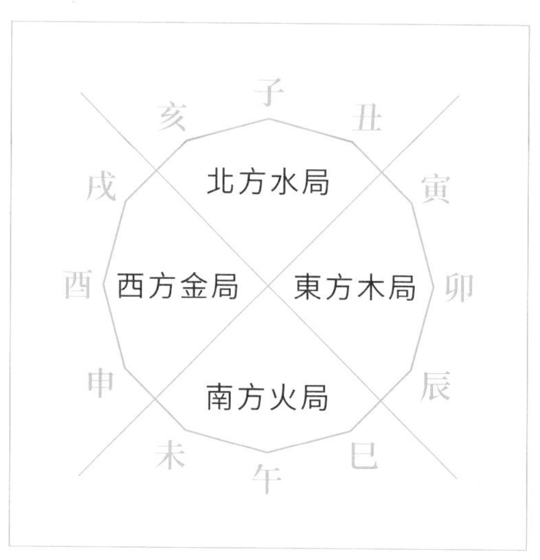

附錄二

排盤工具篇　圖表

步驟 1　安命宮及身宮口訣　先找出命宮及身宮的位置

時辰	宮位	農曆生月											
		一	二	三	四	五	六	七	八	九	十	十一	十二
子	命/身	寅	卯	辰	巳	午	未	申	酉	戌	亥	子	丑
丑	命	丑	寅	卯	辰	巳	午	未	申	酉	戌	亥	子
	身	卯	辰	巳	午	未	申	酉	戌	亥	子	丑	寅
寅	命	子	丑	寅	卯	辰	巳	午	未	申	酉	戌	亥
	身	辰	巳	午	未	申	酉	戌	亥	子	丑	寅	卯
卯	命	亥	子	丑	寅	卯	辰	巳	午	未	申	酉	戌
	身	巳	午	未	申	酉	戌	亥	子	丑	寅	卯	辰
辰	命	戌	亥	子	丑	寅	卯	辰	巳	午	未	申	酉
	身	午	未	申	酉	戌	亥	子	丑	寅	卯	辰	巳
巳	命	酉	戌	亥	子	丑	寅	卯	辰	巳	午	未	申
	身	未	申	酉	戌	亥	子	丑	寅	卯	辰	巳	午
午	命/身	申	酉	戌	亥	子	丑	寅	卯	辰	巳	午	未
未	命	未	申	酉	戌	亥	子	丑	寅	卯	辰	巳	午
	身	酉	戌	亥	子	丑	寅	卯	辰	巳	午	未	申
申	命	午	未	申	酉	戌	亥	子	丑	寅	卯	辰	巳
	身	戌	亥	子	丑	寅	卯	辰	巳	午	未	申	酉
酉	命	巳	午	未	申	酉	戌	亥	子	丑	寅	卯	辰
	身	亥	子	丑	寅	卯	辰	巳	午	未	申	酉	戌
戌	命	辰	巳	午	未	申	酉	戌	亥	子	丑	寅	卯
	身	子	丑	寅	卯	辰	巳	午	未	申	酉	戌	亥
亥	命	卯	辰	巳	午	未	申	酉	戌	亥	子	丑	寅
	身	丑	寅	卯	辰	巳	午	未	申	酉	戌	亥	子

步驟 2　定十二宮位排列

以命宮為基礎，逆時鐘方向定其他宮位之名稱

命宮	餘宮											身宮
	兄弟宮	夫妻宮	子女宮	財帛宮	疾厄宮	遷移宮	僕役宮	官祿宮	田宅宮	福德宮	父母宮	
子	亥	戌	酉	申	未	午	巳	辰	卯	寅	丑	
丑	子	亥	戌	酉	申	未	午	巳	辰	卯	寅	
寅	丑	子	亥	戌	酉	申	未	午	巳	辰	卯	
卯	寅	丑	子	亥	戌	酉	申	未	午	巳	辰	
辰	卯	寅	丑	子	亥	戌	酉	申	未	午	巳	身宮通常與下列宮位同宮： 命宮、夫妻宮、財帛宮、遷移宮、官祿宮、福德宮
巳	辰	卯	寅	丑	子	亥	戌	酉	申	未	午	
午	巳	辰	卯	寅	丑	子	亥	戌	酉	申	未	
未	午	巳	辰	卯	寅	丑	子	亥	戌	酉	申	
申	未	午	巳	辰	卯	寅	丑	子	亥	戌	酉	
酉	申	未	午	巳	辰	卯	寅	丑	子	亥	戌	
戌	酉	申	未	午	巳	辰	卯	寅	丑	子	亥	
亥	戌	酉	申	未	午	巳	辰	卯	寅	丑	子	

步驟 3 定十二宮天干表
將天干依序放入命盤的宮位上

十二宮	生年天干				
	甲己	乙庚	丙辛	丁壬	戊癸
寅	丙	戊	庚	壬	甲
卯	丁	己	辛	癸	乙
辰	戊	庚	壬	甲	丙
巳	己	辛	癸	乙	丁
午	庚	壬	甲	丙	戊
未	辛	癸	乙	丁	己
申	壬	甲	丙	戊	庚
酉	癸	乙	丁	己	辛
戌	甲	丙	戊	庚	甲
亥	乙	丁	己	辛	乙
子	丙	戊	庚	甲	丙
丑	丁	己	辛	乙	丁

步驟 4 定五行局表

以出生年的天干配合命宮所落的地支找出五行局

命宮	生年天干				
	甲己	乙庚	丙辛	丁壬	戊癸
子丑	水二局	火六局	土五局	木三局	金四局
寅卯	火六局	土五局	木三局	金四局	水二局
辰巳	木三局	金四局	水二局	火六局	土五局
午未	土五局	木三局	金四局	水二局	火六局
申酉	金四局	水二局	水六局	土五局	木三局
戌亥	火六局	土五局	木三局	金四局	水二局

步驟 5　起紫微星表
以五行局配合出生日期，訂出紫微星的位置

農曆生日	五行局				
	水二局	木三局	金四局	土五局	火六局
初一	丑	辰	亥	午	酉
初二	寅	丑	辰	亥	午
初三	寅	寅	丑	辰	亥
初四	卯	巳	寅	丑	辰
初五	卯	寅	子	寅	丑
初六	辰	卯	巳	未	寅
初七	辰	午	寅	子	戌
初八	巳	卯	卯	巳	未
初九	巳	辰	丑	寅	卯
初十	午	未	午	卯	巳
十一	午	辰	卯	申	寅
十二	未	巳	辰	丑	卯
十三	未	申	寅	午	亥
十四	申	巳	未	卯	申
十五	申	申	午	辰	丑
十六	酉	酉	巳	酉	午
十七	酉	午	卯	寅	卯
十八	戌	未	申	未	辰
十九	戌	戌	巳	辰	子
廿十	亥	未	午	巳	酉
廿一	亥	申	辰	戌	寅
廿二	子	亥	酉	卯	未
廿三	子	申	午	申	辰
廿四	丑	酉	未	巳	巳
廿五	丑	子	巳	午	丑
廿六	寅	酉	戌	亥	戌
廿七	寅	戌	未	辰	卯
廿八	卯	丑	申	酉	申
廿九	卯	戌	午	午	巳
三十	辰	亥	亥	未	午

步驟 6　安紫微諸星表
以紫微星所落位置，推算出其他諸星

紫微星	星級：甲				
	諸星				
	天機星	太陽星	武曲星	天同星	廉貞星
子	亥	酉	申	未	辰
丑	子	戌	酉	申	巳
寅	丑	亥	戌	酉	午
卯	寅	子	亥	戌	未
辰	卯	丑	子	亥	申
巳	辰	寅	丑	子	酉
午	巳	卯	寅	丑	戌
未	午	辰	卯	寅	亥
申	未	巳	辰	卯	子
酉	申	午	巳	辰	丑
戌	酉	未	午	巳	寅
亥	戌	申	未	午	卯

步驟 7　定天府星表
以紫微星所落位置
推算出
天府星的位置

紫微星	星級：甲
	星名
	天府星
子	辰
丑	卯
寅	寅
卯	丑
辰	子
巳	亥
午	戌
未	酉
申	申
酉	未
戌	午
亥	巳

步驟 8　定天府諸星表

以天府星所落的位置，推算出其他諸星的位置

天府星	星級：甲						
	諸星						
	太陰星	貪狼星	巨門星	天相星	天梁星	七殺星	破軍星
子	丑	寅	卯	辰	巳	午	戌
丑	寅	卯	辰	巳	午	未	亥
寅	卯	辰	巳	午	未	申	子
卯	辰	巳	午	未	申	酉	丑
辰	巳	午	未	申	酉	戌	寅
巳	午	未	申	酉	戌	亥	卯
午	未	申	酉	戌	亥	子	辰
未	申	酉	戌	亥	子	丑	巳
申	酉	戌	亥	子	丑	寅	午
酉	戌	亥	子	丑	寅	卯	未
戌	亥	子	丑	寅	卯	辰	申
亥	子	丑	寅	卯	辰	巳	酉

步驟 9 安時系諸星表

昌曲、地空、地劫、台輔、封誥等星，需以出生時辰推算
火星及鈴星，則需以出生時辰另搭配出生年地支推算

星級	甲										乙			
生年地支			寅午戌		申子辰		巳酉丑		亥卯未					
生時	諸星													
	文昌	文曲	火星	鈴星	火星	鈴星	火星	鈴星	火星	鈴星	地劫	地空	台輔	封誥
子	戌	辰	丑	卯	寅	戌	卯	戌	酉	戌	亥	亥	午	寅
丑	酉	巳	寅	辰	卯	亥	辰	亥	戌	亥	子	戌	未	卯
寅	申	午	卯	巳	辰	子	巳	子	亥	子	丑	酉	申	辰
卯	未	未	辰	午	巳	丑	午	丑	子	丑	寅	申	酉	巳
辰	午	申	巳	未	午	寅	未	寅	丑	寅	卯	未	戌	午
巳	巳	酉	午	申	未	卯	申	卯	寅	卯	辰	午	亥	未
午	辰	戌	未	酉	申	辰	酉	辰	卯	辰	巳	巳	子	申
未	卯	亥	申	戌	酉	巳	戌	巳	辰	巳	午	辰	丑	酉
申	寅	子	酉	亥	戌	午	亥	午	巳	午	未	卯	寅	戌
酉	丑	丑	戌	子	亥	未	子	未	午	未	申	寅	卯	亥
戌	子	寅	亥	丑	子	申	丑	申	未	申	酉	丑	辰	子
亥	亥	卯	子	寅	丑	酉	寅	酉	申	酉	戌	子	巳	丑

步驟 10　安月系諸星表
按照出的月令，推算下列諸星

星級	甲		乙						
	諸星								
出生月	左輔	右弼	天刑	天姚	天馬	解神	天巫	天月	陰煞
正	辰	戌	酉	丑	申	申	巳	戌	寅
二	巳	酉	戌	寅	巳	申	申	巳	子
三	午	申	亥	卯	寅	戌	寅	辰	戌
四	未	未	子	辰	亥	戌	亥	寅	申
五	申	午	丑	巳	申	子	巳	未	午
六	酉	巳	寅	午	巳	子	申	卯	辰
七	戌	辰	卯	未	寅	寅	寅	亥	寅
八	亥	卯	辰	申	亥	寅	亥	未	子
九	子	寅	巳	酉	申	辰	巳	寅	戌
十	丑	丑	午	戌	巳	辰	申	午	申
十一	寅	子	未	亥	寅	午	寅	戌	午
十二	卯	亥	申	子	亥	午	亥	寅	辰

步驟 11　安日系諸星表
照出生的日期推算出下列諸星

諸星	星級：乙			
	三台	八座	恩光	天貴
安星方法	從左輔上起初一，順行，數到本出生日	從右弼上起初一，逆行，數到本出生日	從文昌上起初一，順行，數到本出生日再減一天	從文曲上起初一，順行，數到本出生日再減一天

步驟 12 安年干諸星表
按照出生的天干推算出下列諸星

星級	甲									乙	
天干	諸星										
	祿存	擎羊	陀羅	天魁	天鉞	化祿	化權	化科	化忌	天宮	天福
甲	寅	卯	丑	丑	未	廉貞	破軍	文曲	太陽	未	酉
乙	卯	辰	寅	子	申	天機	天梁	紫微	太陰	辰	申
丙	巳	午	辰	亥	酉	天同	天機	文昌	廉貞	巳	子
丁	午	未	巳	亥	酉	太陰	天同	天機	巨門	寅	亥
戊	巳	午	辰	丑	未	貪狼	太陰	右弼	天機	卯	卯
己	午	未	巳	子	申	武曲	貪狼	天梁	文曲	酉	寅
庚	申	酉	未	丑	未	太陽	武曲	天同	天象	亥	午
辛	酉	戌	申	午	寅	巨門	太陽	武曲	文昌	酉	巳
壬	亥	子	戌	卯	巳	天梁	紫微	天府	武曲	戌	午
癸	子	丑	亥	卯	巳	破軍	巨門	太陰	貪狼	武	巳

步驟 13 生年博士十二星

尋祿存星而起博士

星級	丙	
方法	一、不論男、女命尋「祿存星」起博士。	博士、力士、青龍、小耗、將軍、奏書
	二、陽男陰女順行，陰男陽女逆行。	飛廉、喜神、病符、大耗、伏兵、官符

步驟 14　安年支諸星表
以出生地支安諸星位置

生年地支	星級：乙											
	諸星											
	天哭	天虛	龍池	鳳閣	紅鸞	天喜	孤辰	寡宿	蜚廉	破碎	天才	天壽
子	午	午	辰	戌	卯	酉	寅	戌	申	巳	命宮	
丑	巳	未	巳	酉	寅	申	寅	戌	酉	丑	父母	
寅	辰	申	午	申	丑	未	巳	丑	戌	酉	福德	
卯	卯	酉	未	未	子	午	巳	丑	巳	巳	田宅	
辰	寅	戌	申	午	亥	巳	巳	丑	午	丑	官祿	
巳	丑	亥	酉	巳	戌	辰	申	辰	未	酉	僕役	由身宮起子，順行，數至本生年支，即安天壽星
午	子	子	戌	辰	酉	卯	申	辰	寅	巳	遷移	
未	亥	丑	亥	卯	申	寅	申	辰	卯	丑	疾厄	
申	戌	寅	子	寅	未	丑	亥	未	辰	酉	財帛	
酉	酉	卯	丑	丑	午	子	亥	未	亥	巳	子女	
戌	申	辰	寅	子	巳	亥	亥	未	子	丑	夫妻	
亥	未	巳	卯	亥	辰	戌	寅	戌	丑	酉	兄弟	

步驟 15 安五行長生十二星表
以五行局安諸星位置

星級		丙											
五行局	順逆	星名											
		長生	沐浴	冠帶	臨官	帝旺	衰	病	死	墓	絕	胎	養
水二局	陰女 陽男	申	酉	戌	亥	子	丑	寅	卯	辰	巳	午	未
	陽女 陰男		未	午	巳	辰	卯	寅	丑	子	亥	戌	酉
木三局	陰女 陽男	亥	子	丑	寅	卯	辰	巳	午	未	申	酉	戌
	陽女 陰男		戌	酉	申	未	午	巳	辰	卯	寅	丑	子
金四局	陰女 陽男	巳	午	未	申	酉	戌	亥	子	丑	寅	卯	辰
	陽女 陰男		辰	卯	寅	丑	子	亥	戌	酉	申	未	午
土五局	陰女 陽男	申	酉	戌	亥	子	丑	寅	卯	辰	巳	午	未
	陽女 陰男		未	午	巳	辰	卯	寅	丑	子	亥	戌	酉
火六局	陰女 陽男	寅	卯	辰	巳	午	未	申	酉	戌	亥	子	丑
	陽女 陰男		丑	子	亥	戌	酉	申	未	午	巳	辰	卯

步驟 16 安截空表
以出生年干安截空位置

星級	甲
生年天干	截空
甲	申
己	酉
以	午
庚	未
丙	辰
辛	巳
丁	寅
壬	卯
戊	戌
癸	亥

步驟 17 安天傷、天使表
以出生命宮安傷使位置

星級	丙	
命宮天干	星名	
	天傷	天使
子	巳	未
丑	午	申
寅	未	酉
卯	申	戌
辰	酉	亥
巳	戌	子
午	亥	丑
未	子	寅
申	丑	卯
酉	寅	辰
戌	卯	巳
亥	辰	午

步驟 18 安命主表

命宮	星名
子	貪狼
丑	巨門
寅	祿存
卯	文曲
辰	廉貞
巳	武曲
午	破軍
未	武曲
申	廉貞
酉	文曲
戌	祿存
亥	巨門

步驟 19 安身主表

生年地支	星名
子	火星
丑	天相
寅	天梁
卯	天同
辰	文昌
巳	天機
午	火星
未	天相
申	天梁
酉	天同
戌	文昌
亥	天機

步驟 20 起大限表

五行局	順逆	星名						
		命宮	兄弟	夫妻	子女	財帛	疾厄	遷移
水二局	陰女	2-11	112-121	102-111	92-101	82-91	72-81	62-71
	陽男							
	陽女		12-21	22-31	32-41	42-51	52-61	
	陰男							
木三局	陰女	3-12	113-122	103-112	93-102	83-92	73-82	63-72
	陽男							
	陽女		13-22	23-32	33-43	43-52	53-62	
	陰男							
金四局	陰女	4-13	114-123	114-113	94-103	84-93	74-83	64-73
	陽男							
	陽女		14-23	24-33	34-43	44-53	54-63	
	陰男							
土五局	陰女	5-14	115-124	105-114	95-104	85-94	75-84	65-74
	陽男							
	陽女		15-24	25-34	35-44	45-54	55-64	
	陰男							
火六局	陰女	6-15	116-125	106-115	96-105	86-95	76-85	66-75
	陽男							
	陽女		16-25	26-35	36-45	46-55	56-65	
	陰男							

星名				
僕役	官祿	田宅	福德	父母
52-61	42-51	32-41	22-31	12-21
72-81	82-91	92-101	102-111	112-121
53-62	43-52	33-42	23-32	13-22
73-82	83-92	93-102	103-112	113-122
54-63	44-53	34-43	24-33	14-23
74-83	84-93	94-103	104-113	114-123
55-64	45-54	35-44	25-34	15-24
75-84	85-94	95-104	105-114	115-124
56-65	46-55	36-45	26-35	16-25
76-85	86-95	96-105	106-115	116-125

步驟 21 起小限表

生年地支	小限值宮	小限之歲											
		1	2	3	4	5	6	7	8	9	10	11	12
		13	14	15	16	17	18	19	20	21	22	23	24
		25	26	27	28	29	30	31	32	33	34	35	36
		37	38	39	40	41	42	43	44	45	46	47	48
		49	50	51	52	53	54	55	56	57	58	59	60
		61	62	63	64	65	66	67	68	69	70	71	72
		73	74	75	76	77	78	79	80	81	82	83	84
		85	86	87	88	89	90	91	92	93	94	95	96
		97	98	99	100	101	102	103	104	105	106	107	108
		109	110	111	112	113	114	115	116	117	118	119	120
寅午戌	男	辰	巳	午	未	申	酉	戌	戌	子	丑	寅	卯
	女	辰	卯	寅	丑	子	亥	戌	酉	申	未	午	巳
申子辰	男	戌	亥	子	丑	寅	卯	辰	巳	午	未	申	酉
	女	戌	酉	申	未	午	巳	辰	卯	寅	丑	子	亥
巳酉丑	男	未	申	酉	戌	戌	子	丑	寅	卯	辰	巳	午
	女	未	午	巳	辰	卯	寅	丑	子	亥	戌	酉	申
亥卯未	男	丑	寅	卯	辰	巳	午	未	申	酉	戌	亥	子
	女	丑	子	亥	戌	酉	申	未	午	巳	辰	卯	寅

步驟 22 安流年將前諸星表

星級	丁			戊	戊	戊						
生年地支	諸星											
	將星	攀鞍	歲驛	息神	華蓋	劫煞	災煞	天煞	指背	咸池	地煞	亡神
寅午戌	午	未	申	酉	戌	亥	子	丑	寅	卯	辰	巳
申子辰	子	丑	寅	卯	辰	巳	午	未	申	酉	戌	亥
巳酉丑	酉	戌	亥	子	丑	寅	卯	辰	巳	午	未	申
亥卯未	卯	辰	巳	午	未	申	酉	戌	亥	子	丑	寅

步驟 23 安流年歲前諸星表

星級	丁	戊						丁	戊	丁	戊	
生年地支	諸星											
	歲建	晦氣	喪門	貫索	官符	小耗	大耗	龍德	白虎	天德	弔客	病符
子	子	丑	寅	卯	辰	巳	午	未	申	酉	戌	亥
丑	丑	寅	卯	辰	巳	午	未	申	酉	戌	亥	子
寅	寅	卯	辰	巳	午	未	申	酉	戌	亥	子	丑
卯	卯	辰	巳	午	未	申	酉	戌	亥	子	丑	寅
辰	辰	巳	午	未	申	酉	戌	亥	子	丑	寅	卯
巳	巳	午	未	申	酉	戌	亥	子	丑	寅	卯	辰
午	午	未	申	酉	戌	亥	子	丑	寅	卯	辰	巳
未	未	申	酉	戌	亥	子	丑	寅	卯	辰	巳	午
申	申	酉	戌	亥	子	丑	寅	卯	辰	巳	午	未
酉	酉	戌	亥	子	丑	寅	卯	辰	巳	午	未	申
戌	戌	亥	子	丑	寅	卯	辰	巳	午	未	申	酉
亥	亥	子	丑	寅	卯	辰	巳	午	未	申	酉	戌

步驟 24 安生年斗君表

生時	生月											
	正	二	三	四	五	六	七	八	九	十	十一	十二
子	子	亥	戌	酉	申	未	午	巳	辰	卯	寅	丑
丑	丑	子	亥	戌	酉	申	未	午	巳	辰	卯	寅
寅	寅	丑	子	亥	戌	酉	申	未	午	巳	辰	卯
卯	卯	寅	丑	子	亥	戌	酉	申	未	午	巳	辰
辰	辰	卯	寅	丑	子	亥	戌	酉	申	未	午	巳
巳	巳	辰	卯	寅	丑	子	亥	戌	酉	申	未	午
午	午	巳	辰	卯	寅	丑	子	亥	戌	酉	申	未
未	未	午	巳	辰	卯	寅	丑	子	亥	戌	酉	申
申	申	未	午	巳	辰	卯	寅	丑	子	亥	戌	酉
酉	酉	申	未	午	巳	辰	卯	寅	丑	子	亥	戌
戌	戌	酉	申	未	午	巳	辰	卯	寅	丑	子	亥
亥	亥	戌	酉	申	未	午	巳	辰	卯	寅	丑	子

國家圖書館出版品預行編目 (CIP) 資料

找到你的命定 12 宮：
圖解東方占星 + 巧用紫微斗數／林汶諭著 . --
初版 . -- ［新北市］：林汶諭，2023.02
面；　公分
ISBN 978-626-01-1025-3（平裝）

1. CST：紫微斗數

293.11　　112001062

圖解東方占星—巧用紫微斗數

找到你的命定 12 宮

書　　名　**找到你的命定 12 宮——**
圖解東方占星＋巧用紫微斗數

作　　者　林汶諭
發 行 者　林汶諭
出 版 者　林汶諭
責任編輯　林汶諭

封面設計　**桔聚創藝有限公司**
地址　10452 臺北市中山區民權東路一段 53 號 6 樓
電話　02-2595-8144
美術設計　趙吉蓮

代理經銷　**白象文化事業有限公司**
地址　40144 臺中市東區和平街 228 巷 44 號
電話　04-2220-8589
傳真　04-2220-8505

製版印刷　**鑫益有限公司**
地址　235039 新北市中和區圓通路 141 巷 35 弄 12 號 4 樓
電話　02-2246-5213

初版一刷　2023 年 2 月
定　　價　499 元
I S B N　978-626-01-1025-3

版權所有・翻版必究